AI 콘텐츠 크리에이터

AI문고

인공지능 시대입니다. 기계가 인간의 인지를 대신하고, 사물이 인간을 통하지 않고 다른 사물과 직접 커뮤니케이션합니다. 이에 따른 인간 삶과 문명 변화를 정확히 이해·예측·대응하는 것은 이 시대 우리 모두의 과제입니다. AI문고는 인공지능 기술과 환경의 여러 주제를 10가지 키워드로 정리합니다. 관련 개념과 이론, 학계와 산업계의 쟁점, 우리 일상의 변화를 다룹니다. 인간과 기술의 현재, 미래를 세심히 분석합니다.

일러두기

- 인명, 작품명, 저서명, 개념어 등은 한글과 함께 괄호 안에 해당 국가의 원어를 병기했습니다.
- 외래어 표기는 현행 어문규정의 외래어표기법을 따랐습니다. 다만 '딥러닝', '딥마인드', '딥페이크' 등은 관행을 따랐습니다.

처음이세요?

전문가세요?

AI 콘텐츠 크리에이터

정시영

대한민국, 서울, 커뮤니케이션북스, 2025

AI 콘텐츠 크리에이터

지은이 정시영
펴낸이 박영률

초판 1쇄 펴낸날 2025년 1월 9일

커뮤니케이션북스(주)
출판 등록 2007년 8월 17일 제313-2007-000166호
02880 서울시 성북구 성북로 5-11
전화(02) 7474 001, 팩스(02) 736 5047
commbooks@commbooks.com
www.commbooks.com

ISBN 979-11-7307-362-5 03500

책값은 뒤표지에 표시되어 있습니다.

차례

생성형 AI, 창작의 새로운 미래를 열다

창작자에게 생성형 AI의 등장은 위기일까, 기회일까? AI가 대체할 수 없다던 창작의 영역은 이미 위협을 받고 있나고 해도 과언이 아니다. 그렇다면 이제 '배척' 대신 '활용'의 방법을 찾아야 할 때다. 외로웠던 창작 과정에 신선한 아이디어를 제공하고 영민한 결과물까지 만들어 주는 든든한 지원군이 있다면 어떠할까?

"삽으로 땅을 파는 시대에 포클레인이 등장했다면 당신은 무엇을 사용하겠는가?"

제28회 부천국제판타스틱영화제 AI 콘퍼런스에서 '키토크AI(Keytalk AI)' 도준웅 대표가 한 말이다.

누군가는 자신에게 익숙한 방법대로 삽으로 땅을 파는 작업을 고수하겠고, 또 다른 이는 포클레인을 사용해서 효율성을 높일 것이다. 그날 이 주제를 가지고 객석에서도 갑론을박 토론이 이어졌다.

지금까지 인공지능은 주로 사전에 정의된 규칙이나 알고리즘을 기반으로 특정 작업을 수행하고 주어진 문제를 해결하는 데 중점을 둔 반면, 생성형 AI는 방대한 데이터를 학습해 새로운 텍스트, 이미지, 음악 등을 창의적으로 생성하는 특징이 있다. 단순히 작업을 처리하는 것을 넘어 새로운 콘텐츠를 자율적으로 창작하는 능력을 갖추고 있다는 점은 창작 분야에서도 분명한 차별성이다.

2022년 11월 대규모 언어 모델(LLM, Large Language Model)을 기반으로 등장한 챗지피티(ChatGPT)는 생성형 AI의 대표적인 시작을 알렸으며, 대규모 데이터를 학습하여 텍스트를 창의적으로 생성하는 방식으로 인간과의 소통을 가능케 만들었다.

챗GPT는 관습적인 대답은 물론 예상치 못한 창의적인 답변을 하여 우리를 깜짝 놀라게도 하고, 사용자 맞춤형 설루션(solution)을 찾아내 주며 심지어는 정서적인 공감까지 해 준다.

AI와 창작의 민주화: 누구나 크리에이터가 되는 시대

생성형 AI는 창작의 문턱을 대폭 낮추며 누구나 크리에이터가 될 수 있는 시대를 열었다. 전통적으로 창작은 전문적인 지식, 기술, 도구를 갖춘 이들만이 할 수 있는 영역이었다. 그러나 AI의 발전은 이러한 기존의 패러다임을 크게 변화시키고 있다. 이제는 복잡한 기술적 배경이나 교육이 없어도 누구나 AI 도구를 활용해 콘텐츠를 만들 수 있다. 텍스트 생성 AI인 챗GPT를 시작으로 이미지 생성 AI인 미드저니(MidJourney), 음악 생성 AI인 수노(SUNO)와 같은 툴을 사용하면 글, 그림, 음악 등 다양한 형태의 콘텐츠를 손쉽게 제작할 수 있다.

이러한 AI 기반 창작 도구들은 직관적이고 사용이 간편하다는 점에서 큰 장점이 있다. 과거에는 전문적인 디자인 도구나 프로그래밍 언어를 배워야만 했던 작업들이 이제는 간단한 텍스트 명령어로 대체된다. 이는 기술의 비전문가들에게도 창작의 기회를 제공하여 창작의 대중화를 실현하는 대표적인 사례라 할 수 있다.

게다가, 이러한 AI 도구는 빠른 피드백과 반복적인 시도를 가능하게 만들어 창작자들이 짧은 시간 안에 다양한 아이디어를 실험하고 발전시킬 수 있게 돕는다. 크리에이터가 AI와 협력하면서 많은 아이디어를 시도하고 즉각적인 결과를 확인할 수 있는 환경이 조성된 것이다. 이러한 창작 환경은 크리에이터의 창의적인 가능성을 확장하고, 더욱 다양한 사람들이 창작에 참여할 수 있도록 장려한다.

그뿐만 아니라 생성형 AI는 개인화된 창작을 가능하

게 한다. 각 사용자에게 맞춤형으로 제공되는 AI 도구들은 개개인의 취향과 수요에 맞춘 콘텐츠를 제작할 수 있다. 블로그 작성, 유튜브 영상 제작, 광고 카피 작성 등 다양한 분야에서 AI를 활용해 개인 맞춤형 콘텐츠가 만들어지는 것이 일상화되었고, 이는 크리에이터로서 자아실현을 더욱 수월하게 만든다.

결과적으로 생성형 AI는 단순히 창작을 자동화하는 기술이 아니라 더 많은 사람들이 창작 과정에 참여할 수 있도록 문을 열어 주는 도구다. 이 도구는 창작의 대중화를 실현하며, 모든 이들이 자신의 아이디어를 실현할 수 있는 새로운 창작 생태계를 제공하고 있다. 누구나 크리에이터가 될 수 있는 시대, 이는 AI가 열어 준 새로운 창작의 시대라 할 수 있다.

'창작'과 '창작자'의 재정의

생성형 AI의 등장은 인간의 모든 영역에 영향을 끼치고 있지만 인간의 고유 영역이라고 여긴 예술적 창작 능력은 침범할 수 없다고 굳게 믿었다. 하지만 그 믿음은 예상보다 너무 쉽게 무너지고, 깨지고 말았다.

그렇다면 생성형 AI의 등장은 창작자에게 위기일까? 이 질문에 학계와 실무 현장에서의 의견은 분분하다. 왜

냐하면 우리 모두가 이 신문물을 본격적으로 접한 지 불과 몇 년밖에 되지 않았기 때문이다. 그렇기 때문에 우리는 두 가지 개념에 물음을 던질 때다.

첫째, 창작물을 만드는 '창작자'의 정의는 무엇인가?
둘째, 소비되는 창작물의 가치는 '어떤 기준'으로 판단해야 하는가?

아이디어는 있지만 그림을 못 그리는 사람이 있다고 가정해 보자. 지금까지는 결과물을 만들어 내는 능력이 없다면 '창작자'라는 명칭을 붙이기 힘들었다. 그러나 생성형 AI의 등장은 이 개념을 재정의하게 만들어 주었다. 아이디어만 있는 사람에게 그림을 그려 주는 것이 바로 생성형 AI의 역할이다. 그럼 이 시대의 창작자의 역할은 무엇일까? 아이디어가 많은 사람일까? 아니면 그림 실력이 좋은 사람일까? 우리는 이 질문에 대한 깊은 고민이 필요해 보인다. 창작물에서 아이디어가 가장 가치 있다고 생각한다면 AI에게 실무적인 도움을 받아 자신의 아이디어를 실현하는 창작자가 될 것이고, 반대로 그림 실력 그 자체가 창작자의 정체성에 큰 영향을 준다고 생각하면 그것 역시 자신의 개성을 담는 창작자라고 지칭할 수 있을 것이다. 이는 누구는 수공예로 만들어야 전통적 가치가 있는 창작이라 말하고, 누구는 최첨단 기술력을 활용해서 만들어야 시대적 가치를 담는 창작이라 말하는 것과 같다.

창작물의 목표 설정

편의점에서 대기업 설렁탕 육수를 사서 먹을 때를 떠올려 보자. 4천 원에 구매한 설렁탕 육수를 따뜻하게 데워 그릇에 담고, 대파 고명이라도 올린다면 40년 전통 설렁탕집 부럽지 않을 정도로 그럴싸한 국물 맛을 흉내 낸다.

AI와 인간의 창작물의 차이는 바로 이런 것이다. 우리는 밀키트를 대중적인 맛과 간편함 때문에 찾지만 중요한 데이트를 앞두고 밀키트 맛집을 찾아 나서는 경우는 흔치 않을 것이다.

다음은 우리나라 최초로 노벨 문학상을 수상한 작가 '한강'의 작품을 평가한 심사위원 안나카린 팜(Anna-Karin Palm)의 심사평을 옮겨 놓은 것이다.

> 한강은 매우 매우 특별한 작가입니다. 여러 장르를 아우르는 매우 풍부하고 복잡한 작품을 선보입니다. 작가의 주요 주제가 생존에 관한 것이고, 트라우마와 고통과 상실에 대

해 글을 쓸 때, 개인적인 차원이든 역사적 사건이든 그녀는 항상 같은 연민과 공감으로 글을 씁니다. 이는 작가로서 매우 탁월한 점이라고 생각합니다.

위 심사평을 보면 작가만의 사고와 주제 의식, 표현 방법 등에 대한 경의를 표하고 있다. 특히 연민과 공감은 인간만이 느낄 수 있는 감정이고, 독자는 그 감정을 전달받았다는 의미일 것이다. 그렇다면 AI는 우리에게 감정적 울림을 줄 수 없는 것일까? 그 해답을 얻고자 한다면 위의 심사평에서 '한강'을 '챗GPT'로 바꿔 보면 쉽게 알 수 있을 것이다.

AI는 기술이다. 신기함은 있지만 울림은 없다. 감동과 울림은 감성에서 비롯된다. 즉, AI는 이성적이고 논리적이다. 물론 감성을 흉내 낼 수는 있다. 하지만 그 감성은 사람이 실제로 느껴서 나오는 감성과는 분명한 차이가 있다. 따라서 AI 글쓰기 같은 경우에는 논설문, 안내문 등 논리가 중요한 이성적 글쓰기에 탁월한 능력을 보이지만 공감과 감동을 주는 예술 작업에는 근본적인 한계를 드러낸다. 정리하자면, AI 작품에선 인간의 고민과 통찰을 음미하고 사유하기가 어렵다. 그야말로 기술에 대한 경이로운 시선을 건넬 뿐이다. 기술에 대한 감탄은 있지만 인간의 고뇌로 만들어 낸 휴머니즘적 울림과 감동은 없다는 이야기다.

따라서 AI 시대의 창작자란 창작물의 궁극적인 목표 설정에 따라 그 역할과 지휘가 달라질 것이다. AI 창작물은 진짜를 잘 흉내 낸 공산품일 뿐이다. 이른바 아주 그럴싸한 '짝퉁'이다. 똑같아 보이는 물건이 '짝퉁'이라는 것을 알았을 때 결국 물건의 가치 판단은 소비자가 하는 것이다. 비싸더라도 명품의 묵직한 정체성에 가치를 두는 사람과 정체성보다는 가성비 있게 명품의 느낌을 내고 싶은 사람의 차이일 것이다. 물론 모조품을 만들고 소비하는 것은 불법이다. 이런 면에서도 AI 창작물의 저작권 문제와 흡사한 면을 보인다. 그렇기 때문에 앞으로 우리는 AI의 법적, 윤리적 문제점들도 심도 있게 고민해 봐야 한다. 창작물을 바라보는 소비자는 자신의 취향에 따라 또는 편의에 따라서 취사선택을 한다. 그래서 이 둘은 서로를 파괴하는 것이 아니라 공존하며, 끊임없는 상호작용을 통해 협업 관계로 발전할 것이다. 휴머니즘적 감동과 울림을 담은 창작자, 생산성과 효율성을 중시하는 창작자. 우리는 그들 모두를 이 시대의 '창작자'라고 말할 수 있을 것이다.

AI와 개인 맞춤형 콘텐츠

AI는 창작의 영역에서 단순한 효율성을 넘어 개인 맞춤형 콘텐츠라는 새로운 소비 트렌드를 만들어 가고 있다. 오늘날의 소비자들은 자신만의 독특한 취향과 요구에 맞는 맞춤형 콘텐츠를 찾고 있으며, AI는 이를 실현할 수 있는 강력한 도구가 되고 있다. 특히, 콘텐츠 제작 분야에서 AI는 사용자 데이터를 분석하여 개인화된 콘텐츠를 제공하는 데 중요한 역할을 하고 있다.

생성형 AI는 사용자 개개인의 요구에 맞춘 콘텐츠를 직접 생성하는 데에도 활용되고 있다. 예를 들면, 개인 블로그나 소셜 미디어에서 사용할 콘텐츠를 생성할 때, AI는 사용자의 취향을 분석해 독자 맞춤형 글을 작성하거나 이미지를 만들어 낸다. 이는 마케팅, 광고, 교육 등 다양한 분야에서 더욱 개인화된 접근이 가능해졌다는 점에서 큰 의의가 있다.

특히, 광고 분야에서는 AI를 활용한 맞춤형 마케팅이 중요한 트렌드로 자리 잡고 있다. 광고주는 AI를 통해 소비자의 구매 이력, 웹사이트 방문 기록, 관심사 등을 분석해 개별 소비자에게 최적화된 광고를 제작한다. 이러한 맞춤형 광고는 소비자와의 연결을 더욱 강화하며, 마케팅의 효과를 극대화하는 데 기여하고 있다.

AI가 만들어 내는 개인 맞춤형 콘텐츠는 사용자의 관심사에 맞춰진 결과물을 제공하여, 불필요한 정보에 대한 피로감을 줄이고 보다 즐거운 소비 경험을 가능하게 한다. 또한, 크리에이터들은 AI를 통해 대량의 맞춤형 콘텐츠를 빠르고 효율적으로 생성할 수 있어, 다양한 소비자의 요구를 충족시키는 것이 더 쉬워졌다. 이로 인해 개인 맞춤형 콘텐츠는 콘텐츠 소비의 주요 트렌드로 자리 잡고 있으며, 향후 더욱 발전할 것으로 예상된다.

결론적으로, AI는 개인 맞춤형 콘텐츠의 시대를 열어가고 있으며 이는 소비자들의 콘텐츠 소비 방식에 혁신적인 변화를 불러일으키고 있다. AI를 통해 더 나은 사용자 경험을 제공하고, 개인화된 접근이 점차 콘텐츠 산업 전반에 확산되고 있다. AI가 가져올 맞춤형 콘텐츠의 발전은 소비자와 창작자 모두에게 더 많은 기회를 제공할 것이다.

AI가 열어준 새로운 예술 장르

AI는 단순한 콘텐츠만을 제작하는 것이 아닌 자체적으로 예술을 창작하는 능력을 보여 주고 있다. 미드저니와 같은 AI 기반의 이미지 생성 도구는 간단한 텍스트 설명만으로도 예술적이고 독창적인 이미지를 만들어 낸다.

결과물만 놓고 본다면 AI의 결과물인지 인간의 결과물인지 구분하기 힘들 정도의 퀄리티로 새로운 이미지를 생성하면서 기존의 전통적인 예술 방식을 넘어서는 새로운 예술 장르의 탄생을 이끌어 내며 전 세계의 예술가들 사이에서 큰 반향을 일으키고 있다.

음악 창작 분야에서도 AI의 역할은 날로 커지고 있다. 일레븐랩스와 수노 같은 AI 작곡 도구는 특정 감정이나 분위기에 맞는 음악을 자동으로 생성하고, 사용자가 직접 장르 설정과 작사를 하는 협업의 결과물을 낼 수 있는 특징이 있다.

또한, AI는 문학 창작에서도 눈에 띄는 성과를 보여 주고 있다. 챗GPT와 같은 언어 모델은 짧은 이야기부터 복잡한 소설까지 다양한 문학적 장르에서 텍스트를 생성할 수 있다. 이러한 AI 기반 스토리텔링은 창작자와 협력하여 독특하고 혁신적인 이야기를 만들어 내는 새로운 형태의 문학을 가능하게 한다. AI가 만들어 낸 문학 작품은 전통적인 스토리 구조를 따르면서도 때때로 예측할 수 없는 흥미로운 전개와 표현을 선보이기도 한다.

마지막으로, 런웨이(RUNWAY)와 같은 텍스트 투 비디오(Text To Video) AI 도구는 텍스트 명령어만으로도 영상을 자동으로 생성하는 놀라운 기술을 선보이면서 영화, 광고, 유튜브와 같은 다양한 영상 콘텐츠 제작에 빠르게 도입되고 있다. AI가 제공하는 빠른 제작과 고품질 비주얼은 현재 콘텐츠 시장에서 매우 중요한 요소로 자리 잡고 있다.

이처럼 AI는 예술 창작의 다양한 분야에서 새로운 가능성을 열어 가고 있다. AI가 만들어 내는 창작물은 창작자의 독창성과 결합해 더욱 풍부하고 다채로운 작품을 만들어 내며 앞으로도 예술 창작의 경계를 계속 확장할 것이다.

영민한 조수로서의 AI

우리는 변화에 대한 두려움이 있다. 변화에는 기존의 관습과 습관을 바꿔야 하는 에너지가 들기 때문이다. 또 다른 이유는 나의 역할을 인공지능에게 뺏겨 버릴 것 같은 위기감일 것이다. 흔히 말하는 '불편한 골짜기'는 AI가 인간을 대체하는 것에서 오는 불편한 심기를 뜻한다. 특히 인간의 고유 영역을 다루는 창작자가 느끼는 감정은 더더욱 그렇다. 과연 AI는 우리의 영역을 빼앗아 버리는 배척의 대상일까?

한 편의 드라마가 완성되기 위해서는 좋은 대본이 필요하다. 이 대본을 창작하는 일은 작가가 맡고 있다. 조금 더 자세히 말하자면 메인 작가의 역할이다. 그렇다면 메인 작가는 혼자서 일을 하는 것일까? 그렇지 않다. 명칭에서 알 수 있듯이 메인 작가가 있으면 보조 작가의 역할이 존재한다. 보조 작가는 자료 조사부터 대본 작성까지 메인 작가와 함께하며 메인 작가의 조수 역할을 하게 된다. 메인 작가는 보통 한 명에서 많으면 서너 명까지 보조 작가를 두게 되는데 이들은 작품을 완성하는 데 매우 중요한 역할을 한다. 매일 같이 작품에 필요한 새로운 아이디어를 생각해 내고, 그 아이디어들이 작품에 필요한 재료가 되게 하기 위해 고군분투한다. 하지만 아무리 뛰어난 보조 작가라 할지라도 365일 기계처럼 아이디어를 생산해 내는 일은 불가능하다. 이들은 체력, 컨디션, 감정 등에 영향을 받기 때문에 일정한 결과물을 도출하는 것 역시 불가능하다. 그런 면에서 AI 보조 작가는 어떠한가?

수많은 데이터 학습을 통한 자료 조사 능력은 인간이 따라갈 수 없는 것은 물론이고, 메인 작가의 스타일까지 학습한 후에는 그와 흡사한 문체와 패턴으로 이야기를 풀어 준다. 게다가 언제나 '예스맨'처럼 대답하고 수정 작업도 기꺼이 받아들인다. 그야말로 메인 작가는 자신이 원하는 대답이 나올 때까지 무한 명령을 내릴 수도 있다. 그럼 결과물은 어떠한가?

AI가 만들어 내는 아이디어와 구성 그리고 대본은 그야말로 드라마틱하게 전개된다. 하지만 이 결과물은 앞서 말한 것과 같이 관습과 패턴에 의해 도출되기 때문에 그 결과물의 생명력이 떨어진다. 따라서 메인 작가는 AI 보조 작가를 활용하여 자신이 원하는 재료를 얻기 위한 정확한 디렉션 작업을 해야 한다. 같은 생성형 AI를 사용하더라도 사용자의 디렉션에 따라 훌륭한 조수가 될 수도 있고, 그렇지 않을 수도 있다. 기획부터 대본까지, 작가들에게는 새로운 형태의 작업 방식이 시작된 것이다. 그렇다고 해서 AI 보조 작가가 실제 보조 작가보다 뛰어난 결과물을 낼 수 있다는 말은 단연코 아니다. 필자는 다년간 드라마 보조 작가로 지내면서 실제 인간의 결과물과 AI의 결과물이 어떤 차이점을 보이는지 경험해 보았다. 결론부터 말하자면 이 둘은 분명한 장단점이 있다. 특히 인간의 삶과 감정을 모방하는 작업인 영화, 드라마는 위에서 언급한 휴머니즘적 감동과 울림이 가장 중요한 요소다. 이러한 면에서 아직은 AI가 인간의 결과물을 따라오기에는 역부족이다. 하지만 AI에게도 분명한 장점이 있다. 수많은 데이터를 바탕으로 결과물을 도출하는 생성형 AI의 특징은 단순한 아이디어 생성을 통한 브레인스토밍 과정을 도와주고, 관습적인 방향성을 제시한다. 대중예술에서의 관습은 콘텐츠 소비자들과의 약속과도 같다. 익숙한 방법의 구성은 새롭고 특별함의 중요성만큼 반드시 필요한 요소다. 그렇기 때문에 관습적 방향성을 설정하기 위해서 AI의 역할은 점점 더 커질 것으로 예상된다. 하지만 모든 메인 작가가 AI 보조 작가와 협업을 할 필요는 없다. 작업 방식은 어디까지나 창작자의 선택이기 때문이다.

같은 명령, 다른 대답

생성형 AI는 소원을 들어주는 요술 램프다. 다만 그 마음을 알 수 없는 기복이 심한 요술 램프다. 2024년 12월 현재까지의 기술력으로 바라봤을 때, 사용자가 원하는 결과물을 얻기 위해 정확한 명령을 입력한다 하더라도 그 결과를 예측할 수는 없다. 같은 프롬프트(명령어)에서도 다른 결과물이 도출된다는 이야기다. 필자가 처음 이미지 생성 AI '미드저니'를 사용할 때 원하는 이미지의 프롬프트를 넣고 첫 번째 결과물에서 느꼈던 놀라움을 아직도 잊을 수가 없다. 하지만 그 놀라움은 두 번째, 세 번째 결과물에서 산산조각이 나버렸다. 일관성을 요구하는 웹툰, 영화 등의 작업에서는 더더욱 그렇다. 분명 같은 캐릭터 이미지의 프롬프트를 작성했는데도 모양, 형태, 인종, 세부 특이 사항 등의 결괏값이 달라져 그다음 결과물을 예측할 수 없어진 것이다. 사용법이 잘못되어서 그런 걸까? 그렇지 않다.

보통 기계가 고장이 나면 그 원인이 있을 것이고, 그 원인을 알면 해결책이 보인다. 하지만 생성형 AI의 결과물을 사용자가 정확히 제어하는 것은 현재로서는 불가능하다. 그래서 생성형 AI 크리에이터의 가장 큰 덕목은 '인내심'이다. 우리가 원하는 것을 찾아내는 인내심의 과정과 그 불완전성을 이해하고 받아들일 수 있는 넓은 이해심도 반드시 필요하다.

자기 철학과 통찰의 시대

생성형 AI가 원하는 결과물을 즉각적으로 도출하지 못한다고 해서 그것이 쓸모없는 기술이라는 의미는 아니다. 만약 그랬다면, 전 세계가 이 새로운 기술에 대해 이렇게 열광적으로 반응하지 않았을 것이다. 중요한 것은 사용자가 AI를 얼마나 잘 이해하고, 이를 자신의 창작 활동에 적절히 활용하는가에 있다. 생성형 AI에서는 때때로 비슷한 결과물이 나올 수 있다. 그렇기 때문에 자신만의 독창적 방향성과 통찰을 발휘하는 것이 더욱 중요해

졌다.

영화감독을 예로 들자면, 같은 장비로 같은 배우와 함께 작업하더라도 감독의 디렉션에 따라 결과물은 달라진다. 목적지를 알지 못하는 감독에게 메가폰을 맡기는 것은 위험한 일이다. 감독의 철학과 방향성이 없다면, 아무리 뛰어난 도구와 배우를 활용한다 하더라도 그 작품은 본질과는 멀어져 있을 것이다. 이번에는 요리에 비유해 보자, 만약 만능 쿠킹 머신 앞에 김, 밥, 달걀, 햄, 각종 야채가 있다면 대부분의 사람은 김밥을 만들 것이다. 하지만 어떤 사람은 김과 밥만으로 주먹밥을 만들 수도 있고, 또 다른 사람은 비빔밥을 만들거나, 새로운 재료를 넣어 한 번도 생각해 보지 않았던 요리를 시도할 수도 있다.

이처럼 편리한 도구를 활용해 원하는 결과물을 만들어 내는 것이 중요해진 시대다. 즉, 생성형 AI는 사용자의 철학과 통찰력을 실현하는 도구이며, 이제 우리는 AI가 만들어 낸 상향 평준화된 결과물 속에서 인간의 철학을 발견하는 새로운 창작의 시대에 접어들고 있는 것이다.

인공지능의 위험성

인공지능의 위험성은 인간의 창의성과 자율성에 심각한 영향을 미칠 수 있는 문제다. 인공지능이 발전함에 따라 사람들은 스스로 생각하고 문제를 해결하는 능력을 잃고, AI 없이는 불안함과 무력감을 느끼게 될 수 있다. 이는 마치 산업화 시대에서 기계에 종속된 인간이 기계적으로 노동을 반복하는 모습과 유사하다. 영화 〈모던 타임즈〉(1989)에서 기계에 의존하는 인간처럼 AI 시대에도 인간은 정신적으로 소외감을 느낄 수 있다.

인공지능은 인간의 감정과 정서를 학습된 데이터를 통해 분석할 수는 있지만, 실제로 감정을 느끼는 것은 불가능하다. 인간의 감정은 복잡하고, 같은 사람이라도 상황에 따라 다른 반응을 보일 수 있다. 예를 들어 쌍둥이조차 동일한 상황에서 다른 감정을 느낄 수 있는 것처럼 감정은 단순히 수치화되거나 알고리즘으로는 설명할 수 없는 영역이다. 따라서 인공지능이 인간의 감정을 정확히 이해하거나 이를 자신처럼 느끼는 것은 불가능하다.

또한 한 분야의 기본적 소양이 없는 사람들이 인공지능을 남용할 경우, 무책임하게 가짜 뉴스나 본질 없는 콘텐츠를 대량으로 생산할 위험이 있다. 인공지능은 언제든지 실수를 할 수 있다. 하지만 이를 구별하지 못하는 사람들에게 운전대를 맡긴다면 이는 사회적으로 부정적인 영향을 미칠 수 있으며, 콘텐츠의 질적 하락을 초래할 수 있다. 예를 들어, 자동 주행만 익힌 운전자가 자동 제어 장치가 고장 났을 때 직접 운전을 할 수 없는 것처럼, 전문 지식 없이 인공지능만을 활용한 창작물들은 겉모습은 그럴듯해 보일지 몰라도 결국 내용이 부실하여 한계가 금방 드러나게 될 것이다.

참고문헌

김재인(2023). 『AI 빅뱅: 생성 인공지능과 인문학 르네상스』. 동아시아.

01
생성형 AI의 등장

불과 몇 년 전만 해도 AI는 주로 산업과 과학 분야에서 활용되었지만 생성형 AI의 등장은 콘텐츠 창작의 패러다임을 크게 변화시켰다. 창작자의 감각과 창의성에 의존하던 기존 방식에서 생성형 AI는 새로운 가능성을 열며 콘텐츠 제작의 범위를 확장했다. 이제 창작은 더 이상 인간만의 전유물이 아니며, AI는 창작 과정에서 새로운 힘을 더하고 있다.

AI와 1인 창업?

콘텐츠 제작의 새로운 동반자

생성형 AI는 이제 창작 세계에서 없어서는 안 될 중요한 도구로 자리 잡고 있다. 텍스트, 이미지, 음악, 영상 등 다양한 형태의 콘텐츠를 생성하는 이 기술은, 창작자가 기존에 수작업으로 했던 복잡한 과정들을 자동화하고, 더 빠르고 효율적으로 아이디어를 실현할 수 있도록 돕는다. 특히 챗GPT와 같은 언어 모델은 사람과의 대화뿐만 아니라 스토리텔링, 블로그 작성, 시나리오 초안 작성 등에서 탁월한 성능을 보이며 다양한 창작 작업을 지원한다.

이러한 AI 도구들은 창작자에게 단순한 시간을 절약하는 도구가 아니라 창작 프로세스를 혁신적으로 변화시키는 파트너로 자리 잡고 있다. 생성형 AI는 단순히 아이디어를 빠르게 구체화하는 데에서 그치는 것이 아니라 창작자가 놓치기 쉬운 구조적 요소나 논리적 전개를 보완해 주며, 새로운 방향으로 나아갈 가능성을 제공한다. 예를 들어, 챗GPT는 단순히 문장을 작성하는 것 이상의 능력을 보여 준다. 창작자는 이 AI를 활용해 스토리의 전개 구조나 캐릭터의 성격 설정 등을 더욱 쉽게 구상할 수 있다. 이를 통해 창작자는 그저 단순한 작업에서 해방되는 것 이상으로 더 창의적이고 전략적인 창작에 집중할 수 있게 된다.

단순히 생각하면, AI에게 창작을 맡길 경우 창작자는 창의력이 떨어질 것이라 생각할 수도 있다. 하지만 직접 도구를 다뤄 보면 AI가 제공하는 다양한 옵션 중에서 영감을 받을 수 있으며, 오히려 이를 통해 창의적인 사고의 범위를 확장할 수도 있다. 예를 들자면, AI가 생성한 몇 가지 이미지를 보고 그중 일부를 수정하거나 결합해 더 완성도 높은 이미지를 만들어 낼 수 있는 방식으로, 창작자는 더 넓은 창작 가능성을 탐구할 수 있다.

AI의 다채로운 활용

생성형 AI는 다양한 콘텐츠 생성 분야에서 활발하게 활용되고 있다. 예를 들어 브루(VREW)와 같은 영상 생성 AI는 음성을 자동 자막으로 생성하는 것뿐만 아니라 자막에 맞는 맞춤형 영상 콘텐츠를 만들어 내는 역할까지도 맡고 있다. 이는 창작자가 콘텐츠의 핵심적인 부분에 더 많은 시간을 투자할 수 있도록 도와준다. 단순한 편집 작업이 AI에 의해 자동화됨으로써, 창작자는 더 창의적이고 독창적인 연출에 집중할 수 있게 된다.

블로그와 웹사이트 운영에서도 생성형 AI는 큰 변화를 가져오고 있다. AI는 주제와 관련된 정보를 분석하여 적절한 콘텐츠를 자동으로 생성할 수 있으며, 이를 통해 더 신속하고 효율적인 콘텐츠 생성이 가능하다. 이 과정에서 블로그 운영자는 AI가 생성한 콘텐츠를 기반으로 독자와의 소통을 원활하게 유지하며 독자의 요구에 맞춘 다양한 정보를 제공할 수 있게 된다.

특히 이미지 생성 분야에서도 생성형 AI는 중요한 역할을 하고 있다. 예를 들어 달리(DALL-E)와 같은 AI 도구는 사용자가 원하는 스타일이나 분위기를 텍스트로 입력하면 해당하는 이미지를 자동으로 생성해 준다. 이는 비전문가들도 손쉽게 고품질의 비주얼 콘텐츠를 제작할 수 있는 강력한 도구가 되어 디자인이나 예술 분야에서의 AI 활용 가능성을 크게 확대했다. 이러한 AI 도구를 통해 디자이너가 아닌 사람들도 손쉽게 창의적인 비주얼 작업을 수행할 수 있게 되었다.

음악 작곡에서도 AI는 놀라운 발전을 이루고 있다. 최근 TV 프로그램에서도 AI가 가수들의 목소리를 흉내 내거나 커버곡을 부르게 연출하고 있다. AI는 학습된 목소리를 흉내 내거나 사용자의 지시 사항에 따라 특정 분위기나 스타일에 맞춘 음악을 자동으로 작곡할 수 있으며, 이는 영화, 게임, 광고 등 다양한 콘텐츠 제작에 활용되고 있다. 창작자는 시간과 노력을 절약하면서도 AI가 제공하는 다채로운 음악적 요소를 기반으로 더욱 풍부한 콘텐츠를 만들어 낼 수 있게 되었다. 하지만 저작권 침해 등의 문제는 여전히 숙제로 남아 있다.

그뿐만 아니라 생성형 AI는 PPT 작성과 실무적인 작업에서 효율성과 창의성을 높일 수 있는 강력한 도구로 자리매김하고 있다. 사용자가 주제를 입력하면 AI가 자동으로 슬라이드 구조를 잡고 콘텐츠를 작성하는 것은 물론, 시각적 디자인까지 도와준다. 데이터 분석과 시각화 작업에서도 AI는 데이터를 빠르게 분석하고, 이를 바탕으로 그래프와 도표를 자동으로 생성하여 PPT에 포함한다. 복잡한 자료를 효율적으로 요약하여 핵심 내용을 슬라이드에 간결하게 정리하는 작업도 가능하다.

텍스트 설명만으로도 고품질의 이미지를 만들어서 사용자는 비주얼 콘텐츠를 쉽게 제작할 수 있으며, 이는 비디자이너들에게도 유용하다. 또한 발표 스크립트 작성도 지원하며 슬라이드마다 필요한 설명을 자동으로 제공해 프레젠테이션을 더욱 원활하게 진행할 수 있도록 돕는다. 팀 협업에서는 AI가 문서 검토와 수정, 중복 제거 등을 자동으로 처리해 일관성 있는 문서 작성도 가능하게 한다. 이렇듯 생성형 AI는 단순한 도구를 넘어 자동화, 효율화, 창의성을 발휘하는 실무적인 파트너로서 중요한 역할을 하고 있다.

크리에이터의 역할 변화

생성형 AI의 도입으로 창작자의 역할은 크게 변화하고 있다. 과거에는 콘텐츠 제작의 모든 단계를 사람이 직접 처리해야 했지만, 이제는 AI가 반복적이고 시간이 오래 소요되는 작업을 대신할 수 있게 되었다. 이로 인해 크리에이터는 창의적이고 감성적인 부분에 집중할 수 있는 시간이 더 많아졌다. 하지만 이는 AI가 모든 것을 대체할 수 있다는 뜻은 아니다. 여전히 창작자는 콘텐츠의 기획, 아이디어 설정, 감성적 디테일 그리고 최종 판단에서 중요한 역할을 맡고 있다. 특히 AI가 자동으로 생성한 콘텐츠는 기본적인 수준에서 매우 유용하지만 최종 완성도를 높이기 위해서는 인간의 감각적 재해석과 창의적 가공이 필수다. AI는 데이터를 기반으로 논리적이고 구조적인 콘텐츠를 생성하면 창작자가 그 위에 감정적 깊이와 미적 요소를 더함으로써, 더 완성도 높은 결과물이 탄생하게 된다. 예를 들어 AI가 생성한 글이나 음악은 창작자의 독창적 해석을 통해 더욱 풍부하고 매력적인 형태로 발전할 수 있다. 이러한 변화는 크리에이터가 AI와 협력하여 더욱 완성도 높은 작품을 만들 가능성을 보여 준다. 또한 크리에이터는 AI가 제공하는 정보와 결과물에 영감을 얻어 재해석하거나 새로운 창의적 가치를 추가할 수 있다. 실제로 AI가 제공한 기본적인 음악을 바탕으로 창작자는 감정의 흐름을 더하거나 특정 장면에 맞는 세부적인 음향을 추가하여 작품의 완성도를 높일 수 있다. 이러한 협력적인 작업 방식은 AI와 인간의 시너지 효과를 극대화하며 더욱 독창적이고 감동적인 작품이 탄생할 수 있는 기반을 마련해 준다.

AI와 인간의 공존

생성형 AI의 등장으로 창작의 방식은 근본적으로 변화하고 있다. AI는 단순한 작업을 자동화하는 데서 그치는 것이 아니라, 창작의 전 과정에서 인간의 파트너로서 중요한 역할을 수행하고 있다. 이는 창작자에게 위기이자 기회로 작용할 수 있다. AI는 반복적 작업의 효율성을 크게 높여 주지만 인간의 감성과 창의성을 완벽하게 대체할 수는 없기 때문에, 창작자는 AI와 협력하여 더 나은 결과물을 만들어 낼 수 있다.

AI와 인간의 협업은 창작의 미래를 형성하는 중요한 축으로 자리 잡고 있으며, 그 과정에서 인간은 AI가 제공할 수 없는 창의적 통찰력과 감정적 깊이를 더해 더욱 완성도 높은 콘텐츠를 만들어 나갈 것이다. 이는 AI가 제공하는 결과물 위에 인간이 독창적 요소를 결합함으로써 고유한 창작물을 완성하는 방식으로 AI와 인간의 공존을 통한 창작의 새로운 가능성을 제시한다.

결국, AI와 인간의 협업은 창작의 미래를 더욱 풍부하게 만들며 더 많은 창작의 가능성을 열어 줄 것이다. AI는 콘텐츠 제작의 효율성을 극대화하고, 인간은 그 창작물에 감정적 가치와 철학적 깊이를 더함으로써 창작의 미래는 더욱 다채롭고 혁신적으로 발전할 것이다. AI와 인간이 서로 보완적 역할을 수행할 때, 창작의 질적 향상이 이루어질 것이다. 이는 콘텐츠 창작의 새로운 시대를 예고하는 것이다.

참고문헌

김재인(2017). 『인공지능의 시대, 인간을 다시 묻다』. 동아시아.

김재인(2023). 『AI 빅뱅: 생성 인공지능과 인문학 르네상스』. 동아시아.

02
AI 기획법

콘텐츠 제작에서 기획은 아이디어를 구체화하고, 비전과 방향성을 설정하는 중요한 단계다. 기획 과정에서 창작자는 콘텐츠의 전체적인 목표와 발전 방향을 결정하며 많은 시간과 노력이 필요하다. 특히 챗GPT와 같은 텍스트 기반 AI 도구는 이 과정에서 창작자가 더 빠르고 효과적으로 아이디어를 구체화하고, 비전과 방향성을 설정할 수 있도록 큰 도움을 준다.

AI와 MBTI?

AI를 활용한 기획의 이점

기획 단계에서 AI를 활용하는 가장 큰 장점은 속도와 효율성이다. 인간은 다양한 경험과 배경지식을 바탕으로 아이디어를 구상하지만 그것을 구조화하고 발전시키는 데 시간이 걸린다. 반면 AI는 방대한 데이터를 학습하여 매우 빠르게 여러 가지 아이디어를 생성할 수 있다. 챗GPT(ChatGPT)는 특정한 주제나 목적에 맞는 아이디어를 몇 초 안에 제시할 수 있으며 이는 창작자가 더 깊이 있는 기획을 할 수 있도록 돕는다.

또한 AI는 창작자가 놓칠 수 있는 다양한 관점을 제시한다. 특정 주제에 대한 색다른 시각을 제공하거나 관련되지 않은 듯 보이는 아이디어를 연결해 창의적인 결과물을 도출할 수 있다. 이 과정에서 AI는 창작자가 미처 생각하지 못한 가능성을 열어 주며 이를 바탕으로 더욱 풍부한 기획을 만들어 낼 수 있다.

AI 기획 도구의 종류와 비교

AI 기획 도구는 다양한 창작, 기획, 비즈니스 작업에서 활용되며 각각의 도구는 고유한 기능과 강점이 있다. 챗GPT와 같은 언어 모델은 텍스트 생성과 대화형 기획이 강점이다. 사용자는 간단한 프롬프트를 통해 여러 기획 아이디어를 빠르게 얻을 수 있으며 텍스트 기반 작업에서 특히 유용하다.

노션(Notion) AI는 콘텐츠 기획을 포함해 문서 작성, 데이터 정리, 일정 관리 등 전반적인 생산성을 높이는 도구로 알려져 있다. 이 도구는 팀 협업과 문서 관리에서 탁월한 성능을 발휘하며 AI의 기획 기능을 팀 단위 작업에 통합할 수 있는 장점을 제공한다.

재스퍼(Jasper) AI는 마케팅 및 콘텐츠 작성에 특화된 도구로 광고 카피, 블로그 포스트 작성 등 상업적 콘텐츠를 빠르고 효율적으로 생성하는 데 적합하다. 재스퍼 AI는 이미 다양한 마케팅 전문가와 비즈니스에서 활용되고 있으며, 특히 데이터 분석을 통한 시장 분석과 전략적 기획에 탁월한 성과를 내고 있다.

버즈수모(BuzzSumo)와 같은 AI 도구는 소셜 미디어와 웹상에서 특정 주제에 대한 반응을 분석해 어떤 콘텐츠가 주목받고 있는지 알려 준다. 콘텐츠 마케터는 이러한 분석 결과를 바탕으로 시의적절한 콘텐츠를 기획하고, 이를 통해 타깃 독자의 관심을 끌 수 있다.

예시로, 한 유튜브 채널 운영자는 AI 도구를 사용해 최근 급부상하는 키워드를 분석한 후, "제로 웨이스트"라는 키워드가 급부상하고 있다면 이와 관련된 친환경 라이프 스타일 영상을 기획할 수 있으며 AI는 관련된 서브 주제를 제안하거나 비디오 스크립트를 생성하는 데 도움을 줄 수 있다.

또 다른 예시로, AI 기반 광고 카피 생성 도구인 카피ai(Copy.ai)는 트렌드 분석을 통해 특정 제품이나 서비스와 관련된 가장 효과적인 메시지를 제안할 수 있다. 마케터는 이를 활용해 다양한 버전의 광고 카피 생성이 가능하다.

이처럼 AI는 시장 조사와 트렌드 분석에서부터 콘텐츠 기획과 실행까지 다양한 단계를 지원하며, 창작자는 AI가 제공하는 데이터를 바탕으로 보다 전략적인 콘텐츠를 제작할 수 있게 된다.

챗GPT를 활용한 콘텐츠 기획법

챗GPT는 텍스트 생성이 강점인 생성형 AI로, 이를 기획 단계에서 효과적으로 활용할 수 있다. 챗GPT를 사용할 때 가장 중요한 것은 '프롬프트 작성'이다. 프롬프트는 AI에게 무엇을 원하는지 구체적으로 설명하는 역할을 한다. 잘 작성된 프롬프트는 더 정확하고 유용한 답변을 받을 수 있게 하며 기획의 품질을 크게 좌우한다.

먼저, 챗GPT를 활용할 때는 기획하고자 하는 콘텐츠

의 핵심 주제나 목표를 명확히 설정해야 한다. "화장품에 대한 블로그 글 기획"이라는 주제라면 구체적으로 어떤 화장품을 다룰지 어떤 독자를 타깃으로 할지에 대한 정보가 필요하다. 이 정보를 바탕으로 챗GPT에게 질문을 던지면 AI는 그에 맞는 아이디어를 생성하게 된다.

프롬프트를 작성할 때는 가능한 한 구체적인 질문을 던지는 것이 좋다. "화장품에 대해 글을 써 줘"라는 모호한 질문보다 "20대 초반 여성들에게 인기 있는 립밤을 주제로 한 3개의 블로그 아이디어를 제안해 줘"와 같은 구체적인 질문이 더 효과적이다. 이처럼 세부적인 프롬프트를 작성하면 챗GPT는 보다 정확한 기획 아이디어를 제공할 수 있다.

프롬프트를 작성하는 것은 AI와의 소통을 극대화하는 중요한 기술이다. 잘 작성된 프롬프트는 단순한 아이디어 제공을 넘어 AI가 제시하는 답변의 질을 높일 수 있다. 프롬프트를 작성할 때 몇 가지 유용한 요령을 따르는 것이 좋다.

첫째, 구체적인 목표를 설정하는 것이 중요하다. 기획의 목표가 무엇인지 명확히 정의하고, 이를 프롬프트에 반영해야 한다. "20대 여성을 대상으로 한 패션 블로그 기획"처럼 구체적인 독자층을 설정하는 것이 필요하다.

둘째, 세부 지시 사항을 포함해야 한다. 단순한 질문이 아닌 AI에게 필요한 세부 지시 사항을 주면 더 나은 답변을 받을 수 있다. "패션 트렌드를 소개하는 3개의 블로그 아이디어를 제안해 줘. 각 아이디어는 주제, 핵심 내용, 그리고 예상 독자 반응을 포함해 줘"라는 방식으로 프롬프트를 작성하면 된다.

셋째, AI의 역할을 명확히 정의하는 것이 필요하다. AI가 무엇을 해야 하는지 명확히 지시하면 원하는 답변을 더 정확히 얻을 수 있다. "과거의 패션 트렌드를 현대적인 시각에서 분석해 달라"는 프롬프트는 AI가 특정한 역할을 수행하게 만든다.

여러 가지 기획 상황에 따라 다양한 프롬프트 예시를 들 수 있다. 블로그 기획의 경우, 다음과 같은 프롬프트가 효과적일 수 있다.

"비건 제품을 주제로 한 블로그 포스팅 3개를 제안해 줘. 각 포스팅은 주제와 간략한 내용 요약, 독자층을 포함해 줘."

"인스타그램에서 인기가 있을 법한 신발 아이템 5개를 소개해 줘. 각 아이템은 왜 트렌디한지 설명해 줘."

또한, 영상 기획의 경우에는 다음과 같은 프롬프트를 사용할 수 있다.

"가전 유튜브 채널에서 사용할 수 있는 콘텐츠 기획 아이디어를 5개 제안해 줘. 각 아이디어는 타깃 시청자와 기대되는 조회 수를 포함해 줘."

"요리 유튜브 채널을 위한 레시피 영상 기획 3개를 제안해 줘. 각 기획은 재료, 조리 과정, 그리고 시청자가 관심을 가질 포인트를 포함해 줘."

이러한 예시는 AI와의 소통을 통해 더 창의적이고 구체적인 기획을 도출하는 방법을 보여 준다. 만약 구체적인 아이디어가 많지 않다면 펼쳐 놓고 하나씩 세부 내용을 요구하는 것이 효과적이다.

"유튜버가 되고 싶은데 요즘 트렌드에 맞는 주제를 10개 제안해 줘"라고 한 후 10가지 중에 마음에 ㄷ는 요소들을 다시 선택해서 자세히 물어본다면 답변의 만족도를 높일 수 있다. 반대로 키워드로 확장할 수도 있다. 구체적이지는 않지만 내가 생각하는 키워드가 있다면 문장이 아닌 키워드를 나열하고 그 키워드에서 내용을 확장할 수도 있다.

"커피, 데이트, 소개팅, 맛집의 단어를 활용해서 유튜브 콘텐츠를 3개 기획해 줘"라고 한다면 매력적인 기획안을 만들어 줄 것이다.

AI와 함께하는 기획의 미래

AI는 기획에서 많은 이점을 제공하지만 한계도 존재한다. AI는 방대한 데이터를 바탕으로 아이디어를 생성할 수 있지만 인간처럼 깊은 감정적 통찰이나 문화적 맥락을 완전히 이해하는 것은 아니다. 또한 AI가 제시하는 아이디어는 기존의 데이터를 기반으로 한 것이므로 새로운 혁신적인 아이디어를 내놓는 데에는 한계가 있을 수 있다.

이러한 한계를 극복하기 위해서는 AI가 제공하는 아이디어를 인간의 창의력과 결합하는 것이 중요하다. AI는 기획 단계에서 방향성을 제시하고 세부적인 아이디어를 생성하지만 최종 판단과 감각적인 요소는 여전히 창작자가 담당해야 한다.

AI를 활용한 기획은 이제 시작에 불과하다. 앞으로 AI는 더 많은 데이터를 학습하고, 더 정교한 기획 도구로 발전할 것이다. 이에 따라 창작자는 AI와의 협력을 통해 더욱 효율적이고 창의적인 기획을 할 수 있게 될 것이다. 하지만 중요한 것은 AI가 인간의 창의성을 대체하는 것이 아니라 보완하는 역할을 한다는 점이다.

미래의 기획 과정에서 AI는 창작자의 동반자로서 함께 작업하게 될 것이다. AI는 창작자가 더 넓은 시각으로

세상을 바라보고, 더 창의적인 아이디어를 실현할 수 있도록 도울 것이다. 그리고 그 과정에서 창작자의 역할은 더욱 중요한 가치를 지니게 될 것이다.

03
AI 스토리텔링

마음을 사로잡는 콘텐츠는 특별한 스토리텔링을 가지고 있다. 생성형 AI는 스토리텔링 영역에 본격적으로 진입했지만 AI가 만들어 낸 이야기는 인간만이 제공할 수 있는 감정적 깊이와 창의성을 완벽히 대체할 수 없다. 따라서 인간의 창의성과 감성적 요소는 여전히 중요한 역할을 하며, 창작자는 AI와 협업하여 더 구조화되고 효율적인 스토리를 만들어야 한다.

AI와 난임 극복?

AI와 스토리 구조

AI는 이야기를 구조적으로 이해하고 이를 바탕으로 스토리를 생성할 수 있다. 특히 소설, 웹툰, 드라마와 같은 픽션 콘텐츠는 일정한 이야기 법칙을 따른다. '영웅의 여정'과 같은 고전적인 이야기 구조는 많은 창작물에서 반복된다. AI는 이러한 구조를 학습하여 주어진 설정에 맞는 스토리를 빠르게 생성할 수 있다.

챗GPT(ChatGPT)와 같은 언어 모델은 특정 플롯이나 캐릭터 설정을 입력받으면 그에 맞춰 이야기를 전개하는 방식으로 스토리를 만들어 낸다. '소녀가 동굴 안에서 신비한 생물을 만나 성장하는 이야기'라는 간단한 설정을 주면 AI는 이 설정을 바탕으로 다양한 사건과 캐릭터 간의 상호 작용을 만들어 낼 수 있다. AI는 이야기의 전개 속도를 조절하거나 갈등 구조를 형성하는 데 인간의 도움을 받아 더욱 완성도 있는 스토리를 제공할 수 있다.

AI 스토리텔링은 상당히 관습적이다. 인간이 만들어 낸 대부분의 이야기는 특정한 규칙을 따르며 이 규칙은 독자가 이야기를 더 쉽게 이해하고 몰입할 수 있도록 돕는다. AI는 이런 규칙을 학습하고, 그것을 기반으로 새로운 이야기를 만들어 낸다. 특히 소설, 영화, 드라마 등에서 자주 사용되는 플롯 구조나 클리셰는 AI가 학습하기에 이상적인 패턴이다.

영화에서 자주 사용되는 '3막 구조'는 AI가 스토리를 전개할 때 유용한 틀이 된다. 3막 구조는 도입부에서 문제를 설정하고 중간부에서 대결과 갈등이 고조되며 결말에서 해결되는 전형적인 이야기 구조를 따른다. AI는 이러한 틀을 이해하고, 주어진 설정에 맞는 이야기를 이 틀 안에서 풀어낼 수 있다.

하지만 이러한 관습적인 접근이 AI 스토리텔링의 한계이기도 하다. AI는 인간처럼 창의적이거나 예측 불가능한 이야기를 만들어 내지는 못한다. 이는 AI가 기존 데이터를 기반으로 학습하는 방식 때문인데, 새로운 스타일의 이야기나 전혀 다른 방식의 전개는 인간의 창의성이 여전히 필요한 부분이다. 따라서 AI와 인간이 협력하여 새로운 스토리텔링의 가능성을 열어 가는 것이 중요하다.

AI를 활용해 스토리텔링을 할 때, 창작자는 기본적인 설정과 방향성을 제시해야 한다. AI는 이를 바탕으로 이야기를 확장하고 세부적인 전개를 제시하는 역할을 맡는다. 캐릭터의 성격이나 배경, 이야기의 주요 사건을 간단히 설정한 뒤, AI에게 다음 전개를 요청하면 AI는 이를 기반으로 예상 가능한 전개를 제공한다.

AI를 통해 스토리텔링을 할 때 가장 중요한 것은 프롬프트 작성이다. 프롬프트는 AI가 어떤 이야기를 만들지에 대한 방향성을 제시하는 질문이나 명령어로 프롬프트의 구체성이 이야기의 품질을 결정한다. 단순히 "판타지 이야기를 써 줘"라고 요청하기보다는 "신비한 세계를 탐험하는 10대 소녀가 중심인 판타지 모험 이야기를 써 줘. 주요 사건은 소녀가 잃어버린 도시를 찾아가는 여정과 그 과정에서 만나는 다양한 도전과 성장에 집중해 줘"와 같이 구체적인 정보를 제공하면 AI는 더 흥미롭고 세밀한 이야기를 만들어 낼 수 있다.

캐릭터 개발을 위한 프롬프트 작성 시, 먼저 캐릭터의 배경을 설정하는 것이 중요하다. 출신 지역, 가족사, 성장 과정을 묘사하면서 캐릭터의 성격 형성에 중요한 요소들을 추가할 수 있다. 다음으로는 캐릭터의 목표와 동기를 설정하여 그가 어떤 방향으로 나아가는지 정의해야 하며 그 동기가 어떤 사건이나 경험에서 비롯되었는지도 설명할 수 있어야 한다. 강점과 약점도 중요한 부분으로 이 두 가지 특성은 캐릭터의 행동과 선택에 큰 영향을 미치므로 구체적으로 설정해야 한다. 외모와 감정 표현 방식 또한 캐릭터를 생동감 있게 만드는 요소다. 마지막으로 다른 캐릭터들과의 관계를 설정하여 이야기 속에서 그들이 어떤 역할을 하고 상호 작용하는지 자연스럽게 묘사할 수 있을 것이다. 결국 캐릭터 개발을 위한 프롬프트란 기존의 작법서의 내용을 그대로 따르면서 원하는 결과물이 나올 때까지 로드맵을 그려 가는 것이다.

AI의 서사적 전환 능력

AI의 서사적 전환 능력은 스토리텔링에서 중요한 역할을 할 수 있다. 서사적 전환은 이야기의 흐름을 변화시키고 독자나 관객에게 새로운 방향을 제시하는 중요한 요소다. 전통적으로 서사적 전환은 인물 간의 갈등, 예상치 못한 사건, 혹은 심리적 변화 등을 통해 이루어졌으며 이 과정에서 창작자는 독특한 이야기 구조를 창조해 왔다.

AI는 기존에 학습한 다양한 이야기 패턴과 플롯 구조를 바탕으로 예측 가능한 서사를 생성하는 경향이 있다. AI는 '기본 3막 구조(시작, 갈등, 해결)'나 '영웅의 여정'과 같은 전형적인 패턴을 따르기 쉽다. 하지만 인간 창작자가 프롬프트를 통해 서사적 전환을 요구하면 AI는 주요 사건을 반전하거나 캐릭터의 목표를 전환하는 등 예측 가능한 플롯을 새로운 방향으로 발전시킬 수 있다.

그러나 AI가 서사적 전환을 처리하는 데에는 한계가 있을 수 있다. AI는 기본적으로 학습된 데이터를 기반으로 하기 때문에 예상치 못한 반전을 창의적으로 만들어 내기보다는 이미 존재하는 플롯과 서사 구조에서 변형을 시도할 가능성이 크다. 이에 따라 창작자는 AI가 생성한 이야기를 기반으로 더 창의적인 전환을 도입하고, 예상 밖의 방향으로 스토리를 전개하는 역할을 맡아야 한다. AI가 생성한 이야기에 창작자는 사회적, 심리적 요소를 추가해 캐릭터의 행동 동기를 복잡하게 만들어 스토리를 더 풍부하게 만들 수 있다.

AI와 협업하는 창작자

AI가 스토리를 생성하는 과정에서 창작자는 중요한 역할을 한다. AI가 제시하는 이야기는 대체로 논리적이고 구조적으로 적합하지만 인간적인 감성이나 디테일이 부족할 수 있다.

이때 창작자는 그 캐릭터의 감정을 더 생생하게 표현하는 작업을 하게 된다. 또한 AI는 스토리를 생성할 때 지나치게 전형적인 전개를 따를 수 있기 때문에 창작자는 이를 새로운 전개로 변형해 더욱 흥미로운 이야기를 만들 수 있다.

AI는 스토리텔링 과정에서 창작자의 아이디어를 보완해 주는 역할도 한다. 창작자는 AI를 통해 빠르게 이야기를 구상할 수 있으며 그 과정에서 얻은 아이디어를 바탕으로 더욱 창의적이고 감성적인 콘텐츠를 만들어 낼 수 있다.

AI 스토리텔링의 한계와 가능성

AI 스토리텔링에는 여전히 한계가 존재한다. AI는 방대한 데이터를 바탕으로 이야기를 생성하기 때문에 기존에 존재하는 이야기 패턴에서 크게 벗어나기 어렵다. AI가 만들어 낸 스토리는 종종 전형적이거나 예측 가능하다는 평가를 받을 수 있다. 새로운 이야기나 참신한 전개는 창작자의 창의성이 여전히 중요한 부분이다.

또한 AI는 인간의 감정을 완전히 이해하지 못한다. 감정의 미묘한 변화나 복잡한 심리를 표현하는 데 AI는 한계를 보인다. 따라서 감정적으로 깊이 있는 이야기나 인간의 복잡한 내면을 다루는 스토리는 여전히 창작자의 역할이 중요하다.

마지막으로, 필자가 경험한 바로는 내용이 점점 길어지면 설정과 다른 내용이 등장하거나 캐릭터가 달라지는 문제도 발견할 수 있었다.

하지만 AI는 창작자의 도구로서 매우 유용한 역할을 할 수 있다. 아이디어가 떠오르지 않을 때 빠르게 스토리를 생성하고 새로운 방향성을 제시하는 데 도움을 줄 수 있으며 이 과정에서 창작자는 더 깊이 있는 이야기를 만들어 갈 것이다.

이렇듯 AI와 인간의 협업을 통한 스토리텔링은 앞으로 더 많은 가능성을 열어 줄 것이다. AI는 더 많은 데이터를 학습하고 더욱 정교한 이야기를 만들어 낼 수 있게 발전할 것이다. 하지만 중요한 것은 AI가 인간의 창의성을 대체하는 것이 아니라 그 창의성을 보완하는 역할을 한다는 점이다.

미래의 창작 과정에서는 AI가 인간의 아이디어를 빠르게 구체화하고 이를 바탕으로 더욱 깊이 있는 스토리를 만들어 가는 형태로 발전할 것으로 보이는데, 그 과정에서 인간의 역할은 더욱 중요한 가치를 가지게 될 것이다.

04
AI 글쓰기

생성형 AI는 문학부터 실용적인 글쓰기까지 전통적인 글쓰기의 경계를 허물고 있다. 방대한 데이터를 학습하고 분석하여 빠르고 효율적으로 글을 작성함으로써 창작자에게 새로운 작업 방식을 만들어 주고 있다. 이는 소설, 영화 시나리오, 광고 카피, 블로그 포스팅 등 다양한 글쓰기에 활용된다. 이 장에서는 AI가 문학적 창작과 실용적 글쓰기에서 어떻게 사용되고 있는지 알아본다.

AI와 사주?

문학 장르의 AI 글쓰기

AI가 문학 작품, 특히 시와 소설과 같은 창의적인 글쓰기에 사용되는 방식은 독특하다. 시는 감정과 상징, 이미지의 집합체로서 인간의 깊은 감정을 표현하는 문학 형식이다. AI는 이를 분석해 패턴을 학습하고 주어진 주제나 감정을 표현하는 시를 창작할 수 있다. 특정 단어나 구절을 입력하면 AI는 그 단어와 관련된 감정적 표현을 이어 나가며 짧은 시를 완성할 수 있다.

소설의 경우 AI는 플롯 구조를 학습하여 인물과 사건, 배경을 설정하고 이야기를 전개할 수 있다. 챗GPT(ChatGPT)와 같은 언어 모델은 특정한 캐릭터와 줄거리를 입력받아 이를 바탕으로 여러 장면을 제시하거나 주어진 설정에 따라 대화를 자연스럽게 이어가는 소설의 일부를 창작할 수 있다. AI가 생성한 소설은 인간의 창의적인 해석과 결합해 독창적인 작품으로 발전할 수 있다.

AI 영화 시나리오

AI를 활용한 영화 시나리오 작성에서는 봉준호 감독의 작품 스타일, 특히 〈기생충〉(2019)에서 보여 준 독특한 서사 전개와 사회적 계층 간의 갈등을 효과적으로 반영할 수 있다. 봉준호 감독의 작품에서는 대조적인 두 세계가 충돌하는 순간들이 중요한 테마로 작용하며 AI는 이를 기반으로 서스펜스를 서서히 고조하는 시나리오를 생성할 수 있다.

〈기생충〉에서 주로 다루는 '부유층과 빈곤층의 대비'라는 주제를 AI가 잘 반영하도록 프롬프트를 설정할 수 있다. "사회적 계층의 갈등을 상징적으로 표현하는 장면을 추가해 줘"와 같은 명령을 주면 AI는 〈기생충〉에서처럼 한 가정의 하층민이 상류층 가정에 침투하는 과정을 중심으로 사회적 불평등과 억압을 드러내는 시퀀스를 생성할 수 있다.

봉준호 감독이 장르적 요소를 넘나드는 방식도 AI와의 협업에서 활용될 수 있다. AI는 "감추어진 비밀이 서서히 드러나며 서스펜스가 고조되는 방식으로 장면을 구성해 줘"라는 프롬프트를 통해 〈기생충〉에서처럼 코미디와 서스펜스를 넘나들며 서사의 분위기를 급변시키는 장면을 창작할 수 있다. 영화에서 계단 밑에 숨겨진 공간을 발견하는 장면과 같은 점점 어두워지는 분위기 속에서 인간의 본성을 드러내는 서사를 AI가 작성할 수 있다.

이렇게 AI는 특정 감독의 작법 스타일을 반영해 초안을 빠르게 생성할 수 있으며 창작자는 그 초안을 바탕으로 자신만의 독창적 해석을 더해 이야기를 완성해 나갈 수도 있다.

실용적인 글쓰기 도구

AI는 실용적인 글쓰기에서도 중요한 도구로 자리 잡고 있다. 블로그 포스팅은 온라인 콘텐츠의 중요한 한 축을 이루고 있으며, AI는 주제에 맞는 블로그 글을 빠르고 효율적으로 생성할 수 있다. 특정 주제에 대한 글을 요청하면 AI는 관련 정보를 분석하여 독자가 쉽게 이해할 수 있는 형태로 글을 작성해 준다. AI는 문법적으로 정확한 문장을 생성할 뿐만 아니라 검색 엔진 최적화를 고려한 키워드를 활용해 글을 구성하는 데도 능숙하다.

AI는 광고 카피와 같은 짧고 임팩트 있는 글쓰기에도 매우 유용하다. 광고 카피는 짧은 문장 안에 강력한 메시지를 전달해야 하는데 AI는 방대한 데이터를 기반으로 가장 효과적인 단어와 문장을 빠르게 생성할 수 있다. AI는 특정 제품이나 브랜드에 대한 핵심 메시지를 입력받아 그에 맞는 다양한 버전의 광고 카피를 생성하며 창작자는 이 중에서 가장 적합한 문구를 선택하거나 수정할 수 있다.

유튜브 대본을 작성할 때 역시 도움을 받을 수 있다.

'편의점 신상품 리뷰 채널'을 기획했다면 AI는 다양한 제품 정보를 빠르게 조사하고, 트렌드를 반영한 신상품 리스트를 자동으로 작성해 준다. 이러한 정보는 리뷰 대본을 작성할 때 유용하며, 신상품의 특징을 간결하고 명확하게 설명할 수 있도록 AI가 도와줄 것이다.

"새로운 라면 제품의 맛과 성분, 가격 비교를 포함한 리뷰를 작성해 줘"라는 프롬프트를 입력하면 AI는 제품의 주요 성분, 가격, 맛에 대한 정보를 분석하고 이를 바탕으로 유저에게 친근하게 다가갈 수 있는 리뷰 대본을 제공한다. 또한 AI는 대본의 구조를 유튜브 알고리즘에 맞게 최적화할 수 있는데, 클릭을 유도하는 제목 작성, 인트로에서 시청자의 호기심을 자극하는 방식 등을 통해 시청자 참여도를 높일 수 있다. 그뿐만 아니라 리뷰 영상의 흐름을 자연스럽게 연결하고, 재미있고 유익한 설명을 더할 수 있도록 돕는다. "이 제품을 다른 인기 제품과 비교하여 재미있게 설명해 줘"라는 명령으로 경쟁 제품과의 비교 요소를 첨가해 구독자들의 관심을 끄는 구조를 만들어 줄 수도 있다. 이를 통해 AI는 빠른 정보 수집과 효과적인 대본을 작성하고, 창작자는 콘텐츠의 감성적 부분이나 개성 있는 스타일을 추가해 대본을 더욱 완성도 있게 다듬을 수 있다.

콘텐츠 아이디어 3가지 예시와 가능성을 제안해 달라고 한다면 어떤 내용을 포함할까?

1. 이번 주 편의점 신상품 베스트 5

AI는 실시간으로 가장 인기 있는 제품을 분석하고, 각 제품의 리뷰 포인트를 정리해 주며 짧고 강렬한 영상 대본을 빠르게 생성할 것이다.

2. 한정판 편의점 신상품의 특징

AI는 편의점에서 한정판으로 출시된 상품들을 추적하여 독특한 리뷰 콘텐츠를 기획할 수 있다. 이와 관련된 제품의 배경 정보와 다른 사용자의 리뷰도 제공해 준다.

3. 새로 나온 편의점 샐러드 먹어 본 후기

AI는 최신 건강 트렌드를 반영하여 샐러드와 같은 건강식 리뷰 콘텐츠를 제안할 수 있으며 다이어트, 건강 등에 관심이 많은 시청자에게 맞춤형 콘텐츠를 제작해 더 많은 조회 수를 확보할 수 있다.

AI는 이처럼 연속적으로 이어질 수 있는 콘텐츠 주제를 제공할 뿐만 아니라 트렌드 분석을 통해 최적의 시점에 신상품 리뷰를 기획하고 제작할 수 있도록 돕는다. 이러한 활용은 창작자가 매번 새로운 아이디어를 고민할 필요 없이 보다 빠르고 효율적으로 채널을 운영할 수 있도록 도와줄 것이다.

AI 글쓰기의 한계와 미래

AI는 빠르게 글을 생성하고, 이를 통해 다양한 글쓰기 작업에서 효율성을 지니고 있지만 창의성의 한계가 있다. AI는 학습된 데이터를 바탕으로 패턴을 따르지만 인간처럼 감정을 바탕으로 새로운 스타일이나 독창적인 문장을 만드는 데는 한계가 있다. 시를 창작할 때 AI는 특정 패턴을 따르기 때문에 예상 가능한 흐름을 따를 수 있으며 이는 때때로 딱딱하게 느껴지기도 하고, 진정한 감동을 주는 독창적인 표현에서 부족함을 드러낼 수 있다.

또한, 문화적 맥락이나 감정적 디테일을 완벽하게 이해하지 못하는 경우도 있다. AI는 방대한 데이터를 학습하지만 인간의 정서적 경험이나 특정 문화적 배경에서 나오는 미묘한 감정을 완벽하게 표현하지는 못한다. 이는 특히 문학적 글쓰기에서 큰 차이를 만든다. 이러한 점에서 AI는 글쓰기의 도구로서 훌륭한 보조 역할을 하지만 창작자의 감성과 창의성을 완전히 대체할 수는 없다.

창작자는 AI가 제시한 초안을 바탕으로 더 창의적이고 독창적인 요소를 추가할 수 있다. AI가 생성한 블로그 글을 바탕으로 주제에 맞는 개성 있는 어휘나 독자의 관심을 끄는 스타일을 더해 글을 다듬을 수 있으며, 광고 카피에서는 AI가 제공한 문구를 더욱 감정적으로 공감할 수 있는 방향으로 변형할 수 있다.

앞으로 AI 기술이 발전함에 따라 AI가 창의적이고 감성적인 글을 생성하는 능력도 함께 향상될 것으로 기대된다. 또한 AI가 다양한 글쓰기 분야에 더 많이 도입되어 문학적 창작뿐만 아니라 실용적 글쓰기에 이르기까지 AI와 인간이 협력하는 방식이 더욱 발전할 것이다. 결국, AI는 창작자에게 새로운 도구이자 파트너로 자리 잡을 것이고 글쓰기의 효율성을 높이는 동시에 창작자가 더 많은 시간과 에너지를 창의적인 작업에 쏟을 수 있도록 도와줄 것이다. 이렇듯 AI가 글쓰기에서 제공하는 속도와 효율성은 창작자의 아이디어와 결합하여 더욱 풍부한 글을 만들어 내는 데 기여할 것으로 보인다.

참고문헌

김철수(2023). 『챗GPT와 글쓰기』. 위키북스.

05

AI 이미지 생성

AI 기술의 발전은 이미지 생성 분야에도 혁신을 가져왔다. 달리, 미드저니, 스테이블 디퓨전과 같은 텍스트 기반 이미지 생성 도구는 간단한 프롬프트만으로 다양한 스타일과 내용의 이미지를 자동으로 생성할 수 있게 해 준다. 이 장에서는 여러 분야의 창작자들에게 새로운 기회를 제공하고 있는 도구들의 특징과 실제 활용 방법을 알아보고, 그 한계점에 대해서도 논의해 본다.

AI와 아이돌?

달리: 텍스트를 이미지로 변환하는 창의적 도구

달리(DALL-E)는 오픈AI(OpenAI)사에서 개발한 텍스트 기반 이미지 생성 도구로, 챗GPT(ChatGPT)에서 간단한 설명문을 입력하면 해당 이미지를 생성해 주는 창의적인 도구다. 방대한 이미지와 텍스트 데이터를 학습한 달리는 사용자가 요청하는 특정 스타일, 분위기, 또는 주제를 반영해 정교하고 독창적인 이미지를 만들어 낸다. 달리는 2024년 9월 현재 세 번째 버전인 달리 3로 업데이트되었으며, 이전 버전들에 비해 이미지의 품질과 세부 표현 능력이 크게 향상되었다.

예를 들어, "한복을 입고 있는 배달 기사가 오토바이를 타고 도시를 배경으로 달리는 장면"과 같은 텍스트를 입력하면 달리는 한복의 디테일, 배달 기사의 역동적인 자세, 그리고 도시 배경의 구체적인 요소들을 반영하여 매우 독특한 이미지를 만들어 낸다. 이 도구는 광고, 그래픽 디자인, 일러스트레이션 등 다양한 창작 작업에서 빠르고 창의적인 이미지 제작을 지원하며, 더 나아가 유튜브 콘텐츠 제작에도 실용적으로 활용될 수 있다.

더 자세한 프롬프트 입력 방법으로는 "한복을 입은 배달 기사"라는 단순한 설명보다는 "파란색 한복을 입은 배달 기사가 오토바이를 타고 서울 도심을 배경으로 달리는 장면, 맑은 날의 햇빛이 비추는 느낌"과 같이 세부 사항을 명확히 전달하면 더 정교한 이미지를 생성할 수 있다. 이러한 세부적인 설정은 달리가 이미지 생성 시 구체적인 스타일과 분위기를 반영하는 데 크게 도움이 된다.

다만 지나치게 복잡한 프롬프트나 많은 이미지를 한꺼번에 요구할 경우, 시간이 오래 걸리거나 예기치 않은 결과물을 생성할 수 있다. 다수의 세부 정보를 요구하거나 여러 개의 이미지를 한꺼번에 요청하면 AI가 모든 요소를 처리하는 데 한계를 느낄 수 있기 때문이다. 이러한 경우 시간 제한에 걸리거나 예상과는 다른 이미지가 생성되기도 하는데 필자는 이 때문에 적절한 수의 이미지와 명확한 프롬프트를 사용하고 있다.

달리 3는 이미지 생성 후에도 부분 수정 기능을 제공하여 사용자가 원하는 이미지의 특정 부분을 수정할 수 있다. 생성된 이미지의 배경을 바꾸거나 한복의 색상을 수정하는 등의 작업이 가능하다. 하지만 이 기능은 완벽한 정밀 작업을 요구하는 경우 한계가 따를 수 있다. 복잡한 인물의 표정 변화나 세밀한 배경 디테일 수정에서는 AI의 한계로 인해 원하는 수준의 결과물을 얻기 어려울 수 있다. 이러한 경우에는 수작업으로 후처리 작업이 필요할 수도 있다.

달리는 고유의 그림체를 가지고 있어서 자신만의 개성을 드러내야 하는 예술 분야보다는 유튜브 채널을 운영하는 창작자들에게 매우 유용하다. 채널 프로필 사진, 채널 아트, 섬네일과 같은 시각적 콘텐츠를 손쉽게 제작할 수 있기 때문에 채널의 콘셉트에 맞는 프로필 이미지를 제작하거나, 콘텐츠에 맞는 채널 아트를 디자인할 수 있다.

미드저니: 창의적 이미지 생성의 진화와 디테일한 설정의 힘

미드저니(MidJourney)는 예술적이고 창의적인 이미지를 만들어 내는 데 탁월한 성능을 자랑한다. 사용자는 디스코드(Discord)라는 커뮤니티 채팅 플랫폼을 통해 실시간으로 프롬프트를 입력하고, 즉각적으로 생성된 이미지를 확인하고 공유할 수 있다. 특히, 다른 사용자들의 프롬프트와 결과물을 쉽게 참고할 수 있기 때문에 다양한 영감과 아이디어를 얻는 데 유용하다.

예를 들어 "몽환적인 미디어 아트 스타일의 태양이 하늘을 떠다니는 장면"이라는 프롬프트를 입력하면 미드저니는 그에 맞는 초현실적인 장면을 생성해 낸다. 이 도구는 실사 사진처럼 디테일한 이미지부터 추상적이고 예술적인 작품까지 폭넓은 스타일을 지원하며, 그만큼 유연한 활용이 가능하다.

미드저니의 뛰어난 점은 특정 이미지의 촬영 각도나 조명, 렌즈 초점거리까지 지정할 수 있어, 더욱 정교하고 사실적인 이미지를 만들 수 있다는 점이다. 프롬프트에 "50mm 렌즈로 촬영한 느낌의 이미지"와 같은 구체적인 요청을 추가하면 미드저니는 그에 맞춰 보다 사진에 가까운 디테일을 반영한다. 그뿐만 아니라 해상도를 높여주는 "업스케일링" 기능과 이미지 확장도 가능하다. 예를 들어, 인물의 상반신만 보이는 미디엄 샷을 풀 샷으로 바꾸면 다리와 배경이 생기거나 기존의 샷에서 보이지 않는 부분을 예측하여 자연스럽게 채워 준다.

하지만 미드저니는 영어 기반 프롬프트를 기본으로 한다는 불편함이 있다. 프롬프트를 보다 정확하고 세밀하게 작성해야 원하는 결과물을 얻을 수 있는데 반드시 영어로 작성해야 한다. 이를 보완하기 위해 챗GPT와 같은 AI 도구를 활용해 한글로 프롬프트를 작성한 후, 이를 챗GPT에게 미드저니에 적합한 영어 프롬프트로 변환하도록 요청하면 훨씬 정교한 결과를 얻을 수 있다.

또한, 미드저니는 일관성을 유지하는 기능이 있긴 하

지만 세밀한 디테일을 요구하는 작업에서 균일한 결과를 보장받기 어려울 수 있다. 동일한 프롬프트를 반복적으로 입력하더라도 매번 조금씩 다른 결과가 나올 수 있어서 작업의 일관성이 필요할 때는 이를 고려해야 한다. 무료 버전에서 너무 많은 이미지를 한 번에 요청하거나 지나치게 복잡한 디테일을 요구할 경우, 생성 속도가 느려지거나 예기치 않은 이미지가 나오는 경우도 있다. 이 때문에 미드저니는 전체적인 흐름이나 예술적 스타일을 생성할 때는 강력하지만 특정 부분을 미세하게 조정하거나 완벽한 일관성을 유지하기에는 어려움이 있을 수 있다.

스테이블 디퓨전: 오픈 소스 기반의 이미지 생성

스테이블 디퓨전(Stable Diffusion)은 텍스트 기반 이미지 생성 도구 중에서도 오픈 소스로 제공된다는 점이 가장 큰 특징이다. 이는 누구나 무료로 접근할 수 있고, 사용자나 개발자가 자신의 요구에 맞게 커스터마이즈(customize)할 수 있다는 큰 장점을 지닌다. 스테이블 디퓨전은 컴비스(CompVis)에서 개발되었으며, 이미지 생성 기술의 대중화를 가속하는 데 기여했다.

2024년 9월 현재, 스테이블 디퓨전은 '스테이블 디퓨전 XL(Stable Diffusion XL)'이라는 최신 버전으로 확장되어 더욱 다양한 이미지 생성 옵션을 제공하고 있다. 이 버전은 특히 고해상도 이미지를 생성하는 데 강점이 있으며 사용자는 프롬프트를 세부적으로 설정해 특정 스타일, 배경, 세부 묘사 등을 지정할 수 있다. 스테이블 디퓨전은 웹툰, 일러스트, 제품 디자인 등 다양한 분야에서 창작자들이 자율적으로 이미지를 생성하고 활용할 수 있도록 지원한다. 그러나 스테이블 디퓨전은 제어가 어려운 편이라, 예상과 다른 이미지가 생성될 수 있으며 원하는 결과물을 얻기 위해 여러 번의 프롬프트 수정이 필요하다.

결론적으로, 미드저니는 더 정교하고 창의적인 이미지를 빠르게 얻을 수 있는 도구로 특히 예술 및 디자인 작업에 적합하다. 반면, 스테이블 디퓨전은 접근성, 유연성, 오픈 소스의 장점이 있다.

AI 이미지 생성 툴의 활용과 미래

이러한 AI 이미지 생성 도구들은 각기 다른 장점과 용도로 다양한 창작 분야에서 활용되고 있다. 광고 및 마케팅 분야에서는 광고 캠페인을 위한 독창적인 이미지나 제품 홍보용 비주얼 콘텐츠를 빠르게 생성하는 데 사용된다.

디지털 아트 분야에서는 미드저니가 예술가와 디자이너들에게 창의적인 작품을 제작하는 데 매우 유용하다. 사용자가 원하는 예술 스타일을 AI에게 입력하면, 미드저니는 독창적인 예술 작품을 만들어 내며 이는 디지털 아트 전시나 NFT(대체 불가능 토큰, Non-fungible Token) 같은 영역에서 많이 활용된다. 스테이블 디퓨전은 웹툰이나 일러스트 제작에 많이 활용된다. 특히 오픈소스 기반이기 때문에 창작자들이 자신의 스타일에 맞는 커스터마이즈된 AI 도구를 만들어 작품을 생성하는 것이 가능하다.

그러나 여전히 세부 컨트롤의 한계로 꼽히는 일관성의 문제는 사용의 제약을 만든다. 사용자가 원하는 정확한 비율, 특정한 색감, 세밀한 디테일 등을 표현하는 데에도 여전히 한계가 있다. 특히 미묘한 표정 변화나 복잡한 구조를 묘사할 때, AI가 의도와 다르게 이미지를 생성할 가능성도 있다.

그뿐만 아니라 AI가 생성한 이미지의 저작권 문제도 여전히 논란이 되고 있다. AI가 학습한 데이터 중 일부는 이미 존재하는 이미지에서 파생되었을 수 있는데 이러한 이미지들이 새로운 콘텐츠로 활용될 때 저작권 침해가 발생할 가능성이 있다.

2024년 현재, AI 이미지 생성 기술은 빠르게 발전하고 있으며 앞으로도 더욱 정교한 이미지 생성이 가능해질 것으로 기대된다.

또한 AI 기술의 발전으로 인해 커스터마이징 가능한 이미지 생성 모델이 늘어날 것으로 예상된다. 창작자들은 자신만의 AI 모델을 구축하고 특정 스타일이나 방향에 맞는 정확한 이미지를 제작할 수 있게 된다면, AI가 단순한 도구를 넘어 창작 과정에서 필수적인 파트너로 자리 잡게 될 것이다.

참고문헌

김민후(2023). 『생성 AI를 활용한 나만의 콘텐츠 만들기』. 영진닷컴.
조남경(2024). 『미드저니 프롬프트 마스터 가이드』. 비엘북스.

06
AI 영상 제작

런웨이젠3(RUNWAY ZEN-3)와 같은 최신 AI 도구는 텍스트만으로 완성도 있는 영상을 생성하는 기술을 선보이고 있다. 이러한 도구는 광고, 유튜브, 단편 영화, 뮤직비디오 등 다양한 영상 제작에 활용되고 있는데 이 장에서는 영상을 생성하는 도구를 알아보고, AI가 영상 제작의 모든 과정에 어떻게 혁신을 가져오는지, 미래의 가능성을 살펴본다.

AI와 야구?

소라의 등장: AI 영상 시대의 서막

2024년 2월 15일 오픈AI에서 출시한 소라(SORA)의 등장은 전 세계의 영화, 영상 창작자들을 깜짝 놀라게 했다. 원하는 내용을 입력만 하면 영상을 만들어 주는 서비스가 등장한 것이다. 실사와 구분되지 않는 완성도를 보여 주며 이제는 촬영과 편집은 물론 배우까지도 필요 없게 된 상황을 증명했다. 이로 인해 예술가들의 역할이 위협받을 수 있다는 우려도 있지만, 오히려 기회가 될 수 있다는 의견도 있다. 캐나다 감독 월터 우드먼(Walter Woodman)은 오픈AI의 소라(SORA)를 활용해 〈풍선 머리 소년(Airhead)〉이라는 독특한 영화를 제작했다. 그는 소라를 통해 기발한 아이디어를 실현할 수 있다는 점을 흥미롭게 여겼으며, 영화 제작 과정에서 실사 촬영과 AI 합성을 결합해 현실적인 장면을 구현하려 했다. 다만 소라는 아직 일관성과 디테일 측면에서 한계를 보인다. 예를 들어 호주 대륙이 세 개 생성되거나 시계의 숫자 '4'가 사라지는 오류가 발생하는 문제점을 드러내기도 했다.

영상 제작자들의 일자리 소멸에 대한 질문에 우드맨 감독은 "사진이 처음 발명되었을 때 화가들도 같은 우려를 가졌겠지만 중요한 것은 이야기가 무엇이냐는 것이다"라고 답했다. AI가 창작자들의 스토리텔링을 돕는다면 그 가치는 충분히 높다고 강조하며, AI 도구의 역할을 긍정적으로 바라봤다.

'소라'는 공개 후, 일부 프로덕션 환경이나 연구 프로젝트에서만 제한적으로 사용되고 있다가 2024년 12월에 본격적으로 일반 사용자에게 서비스를 시작했으며 챗GPT 유료 플랜에서 사용이 가능하다.

생성형 AI를 활용한 콘텐츠 제작

AI는 영상은 여러 분야의 콘텐츠를 생산할 수 있다. 특히 광고에서는 제작의 시간을 단축하고 비용을 절감하며, 다양한 버전의 맞춤형 콘텐츠를 제공하는 데 중요한 역할을 하고 있다. 한 누리꾼이 생성형 AI 도구인 런웨이젠3(Runway Gen-3)를 사용해 하루도 안 되는 시간 안에 만든 볼보 광고 영상이 온라인에서 화제가 된 적이 있다. 이 AI 광고는 오직 텍스트 프롬프트만으로 제작되었으며, 로고나 번호판 등 몇 가지 세부 사항만 수작업으로 수정되었다. AI 기반 광고 제작이 점차 확산되면서롯데그룹과 현대자동차 등에서도 AI를 활용한 광고 캠페인을 만들어 주목을 받았다. 특히 런웨이젠3는 이전 버전보다 영상 생성의 퀄리티가 크게 향상되었으며, 이를 통해 AI가 광고 산업을 혁신할 가능성이 높다는 평가를 받고 있다.

유튜브 콘텐츠 제작에서도 AI를 활용하는 방법은 다양한 형태로 확장되고 있으며, 최근 인기를 끌고 있는 분야 중 하나가 달리(DALL-E)를 활용한 쇼츠 콘텐츠다. 이러한 콘텐츠는 시청자에게 짧고 강렬한 비주얼과 스토리를 제공하며, AI의 창의적 이미지를 활용해 흥미를 끌고 있다.

달리는 텍스트 프롬프트만 입력하면 해당 내용을 이미지로 변환해 주는 도구로, 챗지피티(Chat GPT)의 유료 버전에서 사용할 수 있다. 유튜브 쇼츠에서 비주얼 콘텐츠를 빠르게 제작하는 데 매우 유용한데, 쇼츠 제작자는 이러한 AI 이미지를 사용해 짧고 임팩트 있는 콘텐츠를 만들 수 있다. 특히, 쇼츠는 60초 이하의 짧은 영상이므로 AI를 통해 빠르고 다양한 주제의 비주얼을 제공하는 데 적합하다. 또한 시청자 참여형 콘텐츠로서 "어떤 장면을 보고 싶나요?" 같은 질문을 통해 시청자가 프롬프트를 제안하게 하고 그에 따라 AI 이미지를 활용해 콘텐츠를 제작하는 방식도 가능하다.

단편 영화 제작에서도 AI는 선전하고 있다. 두바이 AI 국제 영화제에서 한국의 권한슬 감독의 〈원모어펌킨

(One More Pumpkin)〉이라는 단편 영화가 대상을 수상한 사례를 통해 AI가 영화 제작에도 혁신을 가져오고 있음을 알 수 있다. 이 영화는 AI가 제작한 시각적 효과와 배경을 통해 독창적인 영상을 만들어 냈으며, 제작 과정에서 AI가 특수 효과를 자동으로 생성함으로써 제작 시간을 단축하고 비용을 절감할 수 있었다.

최신 AI 영상 제작 도구

2024년 9월 기준, AI를 활용한 영상 제작에서 주목받고 있는 최신 툴은 런웨이젠3다. 이 툴은 텍스트 명령어로 영상을 생성하여 창작자들이 양질의 영상을 빠르게 제작할 수 있도록 돕고 있다.

런웨이는 AI 기반의 영상 제작 툴로 젠3는 최신 버전이다. 젠3는 최대 10초의 비디오 생성과 비주얼 특수 효과(VFX)와 같은 복잡한 작업을 간편하게 처리할 수 있도록 AI 기능을 강화했다. 특히 젠3는 텍스트 명령어를 바탕으로 영상을 생성하고, 프롬프트 기반의 특수 효과 생성이 가능하다. 예를 들어, "어두운 도시 배경에서 네온사인이 반짝이는 장면"이라는 프롬프트를 입력하면 젠3는 그에 맞는 시각적 효과를 자동으로 생성하여 비디오를 완성한다.

AI 기술은 이제 다양한 영상 편집 툴에 확산되고 있으며, 이를 통해 영상 제작 과정이 더욱 자동화되고 간소화되고 있다. 어도비 프리미어 프로(Adobe Premiere Pro), 브루(VREW), 캡컷(CapCut)과 같은 인기 있는 편집 도구들은 AI 기반의 기능을 도입해 편집자들이 더 빠르게 작업할 수 있도록 돕고 있다.

어도비 프리미어 프로(Adobe Premiere Pro)는 가장 대중적인 편집 도구 중 하나다. 어도비의 프리미어 프로에서도 AI 기반의 기술을 도입해 자동 자막 생성, 텍스트 기반의 자동 컷 편집 등 자동 편집 기능을 제공한다. 최근 어도비는 어도비 파이어플라이 비디오 모델(Adobe Firefly Video Model)로 구동되는 향상된 생성형 AI 영상을 선공개했다. 2024년 말에는 텍스트 프롬프트로 영상을 생성하고 이미지를 참조해 타임라인의 빈 공간을 매끄럽게 채우는 비롤(B-Roll)까지 생성할 수 있다고 밝혔다.

브루(VREW)는 AI 기반의 영상 편집 도구로 자동 자막 생성과 자막 편집에 최적화된 기능을 제공한다. 이 도구는 한국에서 많은 유튜브 크리에이터와 영상 편집자들이 활용하고 있으며 AI가 음성을 자동으로 텍스트로 변환한 후, 자막을 영상에 자동으로 삽입한다. 이로 인해 크리에이터는 자막 작업 시간을 크게 줄일 수 있으며 자막의 스타일과 크기를 자유롭게 설정할 수 있어 맞춤형 편집이 가능하다.

캡컷(CapCut)은 짧은 동영상 제작에 특화된 편집 툴로 AI 기반의 다양한 편집 기능을 제공한다. 특히, 자동 자막 생성, 배경 제거, AI 성우 등의 기능을 통해 유튜브 쇼츠나 틱톡과 같은 플랫폼에서 짧은 영상을 제작하는 크리에이터들에게 큰 인기를 끌고 있다.

AI 영상 제작의 한계와 미래

AI 영상 제작은 상상력과 연출력만 있다면 예산, 인력, 로케이션 등의 복잡한 문제를 한 번에 해결할 수 있는 '1인 디렉터의 시대'를 연 것과 다름이 없다. 하지만 다양한 가능성과 함께 몇 가지 한계도 존재한다.

우선, 세부적인 제어의 한계가 가장 크다. AI가 자동으로 영상을 생성하거나 편집할 수 있지만 특정 장면에서 미세한 제어가 필요한 경우에는 기대에 부응하지 못할 수 있다. 영상에서의 특정 감정 표현이나 매우 복잡한 장면의 연출에서는 AI가 제공하는 결과물이 사용자의 의도와 다를 수 있다. 그뿐만 아니라 초상권, 저작권, 딥페이크 등 범죄 위험성에 노출되어 있기 때문에 영상 분야의 콘텐츠 제작은 윤리적 책임이 무엇보다 중요하다.

AI를 활용한 영상 제작은 혁명적으로 크리에이터의 창작 활동을 돕는다. 앞으로는 AI가 더욱 정교한 기술을 통해 실시간 영상 생성과 편집 작업을 자동화할 것으로 기대된다. 추후에는 라이브 방송 중에도 AI가 실시간으로 특수 효과를 생성하거나 실시간 편집 기능을 통해 방송 중 즉각 비디오를 조작하는 일이 가능해질 것으로 보인다.

그렇기 때문에 크리에이터들이 AI와 협업하여 더 창의적이고 다채로운 콘텐츠를 제작하는 방향으로 발전할 것이며 영상 제작의 대중화를 통해 누구나 쉽게 고품질의 영상을 만들 수 있는 시대가 도래할 것이다.

참고문헌

김민후(2023). 『생성 AI를 활용한 나만의 콘텐츠 만들기』. 영진닷컴.
민지영 외(2024). 『AI 영상 제작』. 길벗.

07

AI 작곡과 사운드 디자인

AI 기술은 음악 작곡, 가사 생성, 사운드 디자인에 혁신을 가져왔다. 생성형 AI는 방대한 데이터를 학습해 창작자가 원하는 음악 스타일을 빠르게 구현할 수 있으며, 일레븐랩스, 타입캐스트, 수노와 같은 AI 도구를 통해 자동화된 작곡과 사운드 디자인이 이루어진다. 이 도구들은 창작 과정의 효율성을 높이고, 점차 더 많은 가능성을 열어 가고 있다.

AI와 운동주?

AI 기반 사운드 디자인

AI는 가사 생성뿐만 아니라 사운드 디자인 작업에서도 뛰어난 성능을 발휘한다. AI는 배경 소리, 효과음, 음향 디자인을 자동으로 생성하여 콘텐츠의 몰입감을 높이는 데 기여한다.

사운드 디자인은 영화나 게임, 광고에서 중요한 역할을 하며, AI는 이 작업을 빠르게 처리할 수 있다. AI는 사용자가 설정한 장면이나 분위기에 맞춰 적절한 배경음과 효과음을 자동으로 생성해 준다. "도시에서 빗방울이 떨어지는 소리와 자동차 소리가 섞인 장면"이라는 요청을 입력하면 AI는 그에 맞는 사운드를 자동으로 조합해 실감 나는 배경음을 만들어 낸다. 이러한 사운드는 몰입감을 극대화하는 콘텐츠에서 매우 유용하다.

크로토스(Krotos)는 다양한 영화 및 게임 사운드에 사용되어 왔다. 크로토스 스튜디오(Krotos Studio)는 사운드 디자인을 처음 접하는 사람이나 빠른 제작 프로세스가 필요한 사용자에게 적은 인원으로도 손쉽게 사운드 디자인 작업을 할 수 있도록 한 소프트웨어다.

특히 주파수, 음색, 강도에 따라 오디오 자료를 분석하고 자연스럽고 유기적인 사운드 스케이프를 제작하는 AI 폴리 엔진 등 머신 러닝 기술을 이용하는 것이 특징이다. 이 기술은 영화, 게임, 음악 제작 등 다양한 분야에서 혁신적인 도움을 준다. 인간 음성을 괴물 소리로 변환하거나 오디오 텍스처를 실시간으로 혼합하고, 무기 소리 또는 차량 사운드를 생성하는 데 특화되어 있다. 이러한 AI 도구들은 복잡한 오디오 작업을 간소화하여 초보자부터 전문가까지 폭넓게 사용할 수 있도록 직관적인 인터페이스를 제공한다.

AI 목소리와 작곡

AI 작곡과 목소리 생성 도구로 대표되는 도구로는 일레븐랩스(ElevenLabs)와 타입캐스트(Typecast)가 있다. 이들 AI를 활용한 작곡과 목소리 생성 도구는 창작자가 원하는 스타일에 맞춰 음악과 목소리를 자동으로 생성한다.

일레븐랩스(ElevenLabs)는 음성 합성과 텍스트 기반 음악 생성에 특화된 AI 도구로 사용자에게 맞춤형 음악과 목소리를 빠르게 제공한다. 사용자가 특정 주제나 감정을 바탕으로 가사 스타일을 입력하면 일레븐랩스는 그에 맞는 가사를 자동으로 생성해 준다. "사랑과 이별에 대한 감정적인 발라드"라는 설명을 입력하면 일레븐랩스는 그에 맞는 감성적인 가사와 배경 음악을 만들어 낸다. 이 도구는 특히 유튜브 콘텐츠용 음악, 광고 음악, 팟캐스트 배경 음악에서 많이 활용된다. 그뿐만 아니라 다양한 캐릭터들의 목소리를 활용하여 AI 성우를 만들어 낼 수 있으며 자신의 목소리를 학습하거나 여러 목소리를 믹싱해서 새로운 목소리를 생성할 수도 있는 장점이 있다.

타입캐스트(Typecast)는 텍스트를 음성으로 변환하는 도구로 일레븐랩스보다 한국 친화적이다. 다양한 한국인 캐릭터를 보유하고 있어 텍스트를 음성으로 변환할 수 있고, 프로 버전에서는 디테일한 감정과 억양까지 사용자가 편리하게 조절할 수 있다. 따라서 애니메이션이나 유튜브, 오디오북과 같은 프로젝트에서는 캐릭터의 대사와 감정을 높은 정확도로 표현한다.

수노(SUNO)는 AI 작곡에 특화된 도구로 텍스트 기반 명령어를 통해 다양한 스타일의 음악을 자동으로 생성하며 가사 작성도 지원한다. 사용자는 두 가지 방법으로 가사를 생성할 수 있다. 챗지피티(ChatGPT)와 같은 언어 모델을 이용해 자동으로 가사를 생성하거나 창작자가 직접 가사를 입력해 음악과 결합할 수 있다. 이를 통해 창작자는 AI가 제공하는 자동화된 편리함을 이용하면서도 창의적인 개입이 가능하다. 사용자가 챗지피티를 이용해 "추억에 대한 서정적인 가사를 수노에 알맞게 써 줘"라고 명령하면 맞춤형 가사를 만들 수 있다. 그리고 난 후, 수노에 가사를 넣고 "어쿠스틱 기타"라는 프롬프트를 입력하면 수노는 이에 맞는 음악을 생성한다. 이처럼 수노는 클래식, 재즈, 일렉트로닉, 팝 등 다양한 장르의 음악을 다룰 수 있으며, 자동으로 생성된 음악과 가사를 즉시 사용할 수 있도록 지원한다.

특히 영화, 게임, 광고 음악에서 수노는 특정 장면이나 분위기에 맞는 음악과 가사를 함께 생성하여 사용자가 즉시 적용할 수 있는 완성된 형태의 콘텐츠를 제공한다. 크리에이터는 수노를 통해 가사와 음악 간의 일관성을 유지하면서도, 각기 다른 스타일을 결합해 창의적인 결과물을 만들어 낼 수 있다.

AI를 활용한 융합 콘텐츠 제작

AI 작곡과 가사 생성, 사운드 디자인은 융합 콘텐츠 제작에서도 중요한 역할을 한다. 융합 콘텐츠는 음악, 영상, 게임과 같은 다양한 미디어를 결합한 콘텐츠로 특히, 가상현실(VR) 환경에서도 상황에 맞는 음악과 가사를 실시간으로 생성해 몰입감을 제공할 수 있다. 예를 들어 사용자가 VR 환경에서 새로운 장면으로 이동할 때마다 AI

가 그에 맞는 배경 음악과 가사를 자동으로 변형하여 제공할 수 있다.

게임에서 AI가 생성한 음악과 가사는 게임의 특정 레벨이나 특정 장면에서 사용될 수 있고, AI를 통해 음악의 스타일을 자유롭게 변형하고 조정할 수 있어서 창작자가 더욱 다양한 방식으로 콘텐츠를 융합할 수 있게 해 준다.

AI 사운드의 미래와 위험성

이번에도 역시 AI가 완전히 혁신적인 스타일을 창작하는 데는 한계가 있을 수 있다. 창작자가 원하는 독창적이고 새로운 표현에서는 여전히 인간의 창의성이 중요한 역할을 한다.

디테일한 조정의 어려움은 AI의 공통적인 한계다. AI가 자동으로 생성한 음악과 가사는 일반적인 스타일을 잘 따르지만 세부적인 감정 표현이나 복잡한 음악적 구조를 표현하는 데는 부족할 수 있다. 또한 입력한 프롬프트와 관련 없는 장르의 음악이 나오는 경우도 많다.

이러한 경우에는 창작자가 추가적인 작업을 통해 보완해야 한다.

앞으로 AI 작곡과 사운드 디자인은 더욱 발전하여 창

작자의 세부 요구까지 반영할 수 있는 수준에 이를 것이다. AI는 사용자 피드백을 통해 더 정교한 음악을 생성할 수 있게 될 것이며 더 나아가 실시간 상호 작용형 음악도 가능해질 것이다.

사용자가 게임을 플레이할 때 AI가 실시간으로 배경 음악을 조정하거나 가상현실 환경에서 AI가 사용자 움직임에 맞춰 사운드를 동적으로 생성하는 방식으로 발전할 수 있다.

하지만 AI 사운드 기술은 양면의 칼날과 같은 위험성을 가지고 있다.

여수에서 열린 '2024 글로컬 미래교육 박람회'의 주제기로 한 초등학교 교사가 만든 곡이 선정되었으며, 이 곡은 AI를 이용해 완성된 것이었다. 이 사실이 뒤늦게 알려졌으나 심사위원인 작곡가 김형석은 이를 수작이라 평가했다. AI 사용에 대한 제한이 없었고, 주제와 부합한다는 것이 최종 선정의 이유였다. 이뿐만 아니라 AI 작곡과 목소리에 대한 논란은 지속되고 있다. 최근 오혁, 잔나비, 아이유 등과 같은 유명 아티스트의 목소리를 활용한 AI 커버곡이 큰 화제를 모았다. 대표적인 사례로, AI를 사용해 무단으로 제작된 비비의 〈밤양갱〉 커버곡이 팬들 사이에서 주목을 받았다. 이 AI 커버곡들은 원래 아티스트의 목소리와 매우 흡사하게 재현되었으며, 기술적으로는 높은 수준의 유사성을 보여 주었다. 그러나 이러한 커버곡 제작 과정에서 저작권과 윤리적 문제들이 불거졌다.

AI 커버곡들은 원작자의 허락 없이 제작되어 저작권 침해와 더불어 '퍼블리시티권' 침해의 소지가 있다. 퍼블리시티권이란 인물의 목소리, 이미지, 이름 등 개인의 인격적 요소를 상업적으로 이용하는 권리로 이를 무단으로 사용하는 경우 법적 문제가 발생할 수 있다. 미국에서는 2023년 4월 유니버설뮤직그룹(UMG)이 소속 가수의 음성을 무단으로 활용한 AI 음원의 게재를 금지하며 적극적으로 대처했다. 또한 보이스 피싱, 딥페이크 영상에서의 목소리 활용 등 범죄 목적으로 사용될 가능성이 커 크리에이터의 윤리 의식과 기술 활용의 각별한 주의가 필요해 보인다.

참고문헌

구효인(2024). 『생성형 AI 작곡 + 작사 마스터링』. 책바세.
김민후(2023). 『생성 AI를 활용한 나만의 콘텐츠 만들기』. 영진닷컴.

08
GPTS와 GPT 스토어

챗GPT는 맞춤형 콘텐츠 제작에 새로운 방식을 제공하고 있다. GPTS는 기존의 챗GPT를 발전시킨 개념으로 특정 목적에 맞춰 세밀하게 튜닝된 AI 기술로서 사용자가 원하는 방식에 맞춰 콘텐츠를 생성하기 때문에 활용도가 높다. 이 장에서는 GPTS와 GPT 스토어의 개념을 알아보고, 이를 활용한 콘텐츠 제작 방법과 수익화 전략을 모색한다.

AI와 한의학?

GPTS와 GPT 스토어의 개념

공부나 운동을 할 때, 개인 과외를 받거나 퍼스널 트레이닝을 받게 된다면 다수와 함께하는 것보다 더 효과적인 경험이 있었을 것이다. GPTS는 쉽게 말해 개인 과외 선생님이다.

GPTS(Generative Pre-trained Transformer Specialized)는 특정 목적에 맞게 조정된 GPT 모델을 의미한다. 사전에 작성된 맞춤형 프롬프트를 넣어 놓은 상태로 구동되는 이 모델은 기존의 GPT 기술을 바탕으로 특정 작업에 최적화되어 더 전문적이고 구체적인 기능을 수행할 수 있다. 예를 들면 드라마 작가가 사용하는 GPTS 모델은 자신이 집필하고 있는 드라마의 기획안, 캐릭터 아크, 플롯, 사건의 전개 방향 등을 생성하고, 이를 맞춤형으로 조정하는 데 사용될 수 있다.

한편, GPT 스토어(Store)는 사용자가 다양한 맞춤형 GPTS 모델을 선택하여 구매하거나 사용하는 플랫폼을 의미한다. 이 플랫폼에서 사용자는 자신의 필요에 맞는 AI 모델을 선택하고, 이를 특정 작업이나 콘텐츠 제작에 활용할 수 있다. 따라서 GPTS는 전문화된 AI 기술을 지칭하는 개념이고, GPT 스토어는 이러한 모델들을 제공하는 마켓 플레이스 역할을 한다. 정리하자면 스마트폰 애플리케이션이 GPTS라고 한다면 GPT 스토어는 앱스토어인 샘이다.

이 스토어에서는 사용자가 특정 작업에 맞춘 맞춤형 GPT를 만들고 공유하며 탐색할 수 있다. 그야말로 나만의 챗봇이라 생각하면 된다. 생산성, 교육, 프로그래밍 심지어 논문 등의 다양한 카테고리에서 활용할 수 있는 GPT 모델들이 있으며 사용자나 개발자가 직접 만든 GPT를 상업화하는 기회를 제공하기 때문에 기존의 스마트폰 애플리케이션과 유사한 형태로 이해하면 쉬울 것이다.

이 플랫폼을 통해 복잡한 기술적 지식 없이도 맞춤형 AI 챗봇을 손쉽게 만들고 업무에 적용할 수 있게 된다는 점이 큰 장점이라고 할 수 있다.

GPT는 소설, 에세이, 시나리오 작성 등 다양한 텍스트 작업을 처리할 수 있지만 GPTS는 법률 문서 작성, 기술 보고서 작성, 콘텐츠 기획 등 더 구체적이고 전문적인 작업에 최적화되어 있다. 이는 GPTS가 더 정밀한 데이터를 학습하고, 특정 분야에서 더욱 정확한 결과를 도출할 수 있도록 훈련되었기 때문이다. GPTS는 이러한 전문성을 바탕으로 글쓰기, 영상 제작, 디지털 마케팅 등 다양한 콘텐츠 제작에 적용되고 있다.

GPTS를 활용한 콘텐츠 제작 방법

블로그 포스팅 및 기사 작성 GPTS는 특정 분야의 주제에 맞춰 전문적인 글을 작성하는 데 매우 유용하다. 기술 블로그를 운영하는 크리에이터는 GPTS를 통해 최신 기술에 대한 정보를 자동으로 수집하고 이를 기반으로 고품질의 기술 기사를 작성할 수 있다. GPTS는 주어진 주제에 대한 구체적인 데이터를 학습하고 분석하여 독자가 쉽게 이해할 수 있는 형식으로 글을 효과적으로 생성할 수 있다.

소설 및 스토리텔링 GPTS는 특정 장르나 설정에 맞는 소설과 이야기를 자동으로 작성할 수 있다. 사용자가 GPTS에게 소설의 플롯과 캐릭터 설정을 제공하면 AI는 이를 기반으로 자연스럽게 이야기를 전개해 나간다. 판타지 장르에 맞춘 GPTS 모델은 판타지 세계의 특징을 학습하고 그 설정에 맞춰 흥미로운 이야기를 생성할 수 있다. 이는 웹소설 등의 창작에서 시간을 절약하고 아이디어의 다양성을 제공한다. 필자 역시 드라마 기획안과 시놉시스, 대본 작성에 해당 드라마에 최적화된 GPTS를 사용하면서 기존 GPT보다 더 정확하고 세부적인 결과물을 얻을 수 있었다. 구체적인 방법으로는 드라마의 기획안을 생성할 때 GPTS에 현재 설정과 주제, 캐릭터, 엔

딩 포인트 등을 입력해 두면 AI가 여러 기획안 버전을 빠르게 제공하여 다양한 가능성을 발견할 수 있었다. 캐릭터 아크(캐릭터가 이야기 속에서 겪는 변화와 성장)를 만들 때도 GPTS를 통해 캐릭터의 성격, 목표, 그리고 이야기 속에서의 전환점을 다양하게 제시받아 이를 수정할 수 있다. 또한, 플롯과 사건의 방향 설정에서도 GPTS는 사건의 전개, 클라이맥스, 반전 요소 등을 맞춤형으로 제안하며 작가는 이를 바탕으로 이야기의 구조를 빠르고 효율적으로 재정비할 수 있다. 이를 통해 작가는 창작의 핵심 요소인 감정적인 깊이와 철학적인 부분에 더 많은 시간을 투자할 수 있고 GPTS는 창작자가 여러 버전을 신속하게 비교하며 최적의 스토리를 만들도록 돕는 맞춤형 도구로 활용될 수 있다.

유튜브 콘텐츠 스크립트를 작성하는 데도 GPTS는 매우 유용하다. 유튜브 크리에이터는 특정 주제에 맞는 영상 스크립트를 GPTS로부터 빠르게 생성할 수 있다. 교육 콘텐츠, 리뷰 영상, 튜토리얼과 같은 콘텐츠에서 GPTS는 주요 정보를 자동으로 구성하고, 명확한 스크립트를 제공해 영상 제작을 도와준다.

콘텐츠 마케팅 및 광고 분야에서도 GPTS는 큰 역할을 할 수 있다. 광고주는 GPTS를 통해 특정 제품이나 서비스의 장점을 강조하는 광고 카피를 생성할 수 있으며, 다양한 광고 채널에 맞춘 마케팅 메시지를 자동으로 제작할 수 있다. SNS용 짧은 광고 문구나 이메일 마케팅 템플릿 등을 GPTS로부터 생성해 마케팅 캠페인을 빠르게 확장할 수도 있다.

교육 콘텐츠 제작에서도 GPTS는 강력한 도구로 활용된다. 특정 주제에 맞는 강의 자료, 학습 계획서, 연구 보고서 등을 자동으로 생성할 수 있으며 이를 통해 교육자들은 보다 빠르고 효율적으로 교육 콘텐츠를 제작할 수 있다. 특히, GPTS는 전문적인 주제에 맞춘 맞춤형 학습 자료를 제공할 수 있어서 논문 작성에도 많이 활용된다.

GPTS 기반 콘텐츠 수익화 전략

GPTS를 활용한 콘텐츠는 다양한 방식으로 수익을 창출할 수 있다.

자신이 만든 GPTS를 통해 사용자에게 고품질의 맞춤형 콘텐츠를 유료로 제공함으로써 수익을 창출할 수 있다. 예를 들어 GPTS가 작성한 전문적인 블로그 포스트, 분석 보고서, 교육 자료는 유료 구독 모델을 통해 배포될 수 있으며, 구독자는 맞춤형 정보에 대해 비용을 지불할 수 있다. 앞서 언급한 바와 같이 스마트폰 유료 애플리케이션을 생각하면 이해가 빠를 것이다.

일반 사용자뿐만 아니라 마케터들은 GPTS를 활용해 디지털 마케팅 전략을 자동화할 수 있으며 이를 통해 더 빠르게 콘텐츠를 제작하고 광고 캠페인을 전개할 수 있다. GPTS는 특정 고객층에 맞춘 맞춤형 광고 콘텐츠를 자동으로 생성해서 마케터들이 마케팅 효율을 극대화할 수 있도록 도와준다. 이를 통해 마케팅 에이전시들은 보다 많은 고객에게 맞춤형 마케팅 서비스를 제공하며 수익을 늘릴 수도 있을 것이다.

온라인 강의 및 교육 프로그램 GPTS는 온라인 교육 플랫폼에서도 활용할 수 있으며, 맞춤형 교육 자료와 강의를 자동으로 생성해 제공함으로써 교육 콘텐츠를 수익화할 수 있다. GPTS를 통해 생성된 맞춤형 학습 자료는 학습자의 수준과 필요에 맞게 조정될 수 있다. 이를 통해 교육자는 더 많은 학생에게 교육 콘텐츠를 제공하고 수익을 창출할 수도 있다.

GPTS의 미래 가능성

현재 GPTS는 문서 생성, 데이터 정리, 기획안 작성 등에서 활발히 활용되고 있다. 문서 기반의 회의록이나 보고서를 작성할 때 반복적인 프롬프트 사용을 줄이고 GPTS

를 통해 효율적인 결과물을 만들어 낼 수 있다. 특히 파워포인트나 워드 같은 파일 형식으로 바로 출력 가능하다는 점은 실용적이다.

창작 작업에서는 스토리 기획, 캐릭터 개발, 플롯 구성 등에서 GPTS가 실시간으로 다양한 제안을 내놓으며, 대량의 데이터를 분석해 창작자의 요구에 맞는 여러 버전의 결과물을 빠르게 생성할 수 있어 창작 속도와 효율성을 높인다.

GPTS는 콘텐츠 제작의 효율성을 극대화하고, 수익 창출을 위한 새로운 기회를 제공하는 강력한 도구다. AI가 특정 작업에 맞게 더욱 전문화되면서 GPTS는 점점 더 다양한 분야에서 활용될 것이며 맞춤형 콘텐츠 제작이 더욱 보편화될 것이다. 또한, GPTS는 인간의 창의성과 결합해 더 창의적이고 독창적인 콘텐츠를 생성하는 데도 기여할 것으로 기대된다.

개인 맞춤형 콘텐츠와 상업용 콘텐츠 모두에서 GPTS는 기존의 콘텐츠 제작 방식을 변화시켜 맞춤화된 생산 도구가 더 많은 사람들에게 사용될 것으로 보이고, 이러한 변화는 크리에이터뿐만 아니라 비즈니스, 교육, 마케팅 등 다양한 분야의 수익 모델로 새로운 기회가 될 것이다.

참고문헌

김동석(2024). 『AI 수익화 전략』. 경향비피.
김민후(2023). 『생성 AI를 활용한 나만의 콘텐츠 만들기』. 영진닷컴.

09
AI 시대 크리에이터의 역할

AI는 방대한 빠르고 효율적으로 콘텐츠를 자동화하여 생성하지만 크리에이터의 역할은 사라지지 않는다. 오히려 AI와 협업하여 감각적 연출과 창의성을 더하는 과정에서 디렉터의 역할이 더욱 중요해지고 있다. 이 장에서는 AI 시대의 디렉터와 디렉션의 개념을 정리하고, 크리에이터가 어떻게 AI를 활용하여 자신만의 철학과 감성을 결합한 콘텐츠를 제작할 수 있는지 알아본다.

AI와 화장품?

디렉터와 디렉션의 개념

디렉터는 일반적으로 콘텐츠 제작의 전 과정을 기획하고 관리하는 역할을 수행한다. 영화, 광고, 게임 등에서 디렉터는 창작의 핵심을 이끌어 나가며 연출과 결정을 통해 최종 결과물을 완성한다. 과거에는 이러한 과정에 상당히 복잡하고 많은 인력과 시간이 요구되었지만 AI가 많은 실무 작업을 자동화함으로써 실무자 없는 시대가 열리고 있다.

디렉션은 창작물의 방향성과 비전을 결정하는 과정으로 AI가 아무리 뛰어난 기술을 통해 자동화된 결과물을 생성하더라도, 그 결과물이 창작자의 의도에 맞춰 올바른 방향으로 나아가려면 디렉션이 필수다. AI는 데이터를 기반으로 한 패턴과 논리를 따르는 경향이 있으므로 인간적인 감각과 경험을 반영한 디렉션이 AI의 자동화된 작업을 더 감성적이고 독창적으로 만들어 줄 수 있다.

이제 AI 시대의 디렉터는 기존의 역할에서 더 나아가 AI가 생성한 결과물을 감독하고 창의적이고 감각적인 디렉션을 통해 콘텐츠에 인간적인 깊이를 더해야 한다.

AI와 크리에이터의 협업

아무 아이디어와 기술이 없는 크리에이터가 유튜브 채

널을 만든다고 가정해 보자.

AI를 활용하면 A부터 Z까지 모든 과정을 수행할 수 있을까? 이 질문의 대답은 "물론이다"라고 말하고 싶다. 그 방법으로는 아래와 같은 과정을 예로 들 수 있다.

1. 챗GPT를 활용해서 유튜버가 되는 과정을 묻는다.
2. 아이디어를 추천받는다.
3. 채널 기획서를 작성시킨다.
4. 각 콘텐츠 대본을 받는다.
5. 영상 제작 도구를 추천받고 사용법을 묻는다.
6. AI 영상 제작 도구를 활용하여 영상을 제작한다.
7. 채널 아트, 프로필, 섬네일 이미지 등을 AI 도구로 만든 후 채널을 오픈한다.
8. 업로드 방법을 물어보고 업로드 한다.

이렇게 모든 작업을 AI가 대신한다면 크리에이터의 역할은 없어지는 걸까? AI는 방대한 양의 데이터를 학습해 텍스트, 이미지, 음악 등 다양한 콘텐츠를 생성할 수 있지만 그 과정에서 감정과 창의성을 충분히 반영하기는 어렵다. 따라서 AI가 자동으로 생성한 콘텐츠는 크리에이터의 감각적 재해석과 창의적 디렉션을 통해 완성도를 높여야 한다. AI와 인간 크리에이터 간의 협업에서 인간의 역할은 다음과 같이 구체화할 수 있다.

AI가 생성한 텍스트나 영상, 이미지는 매우 구조적이며 논리적이다. 하지만 이들 결과물은 때로는 예측 가능하거나 평범하게 느껴질 수 있다. 이때 인간 크리에이터는 AI가 만든 콘텐츠를 감각적으로 재해석하여 더 강력한 감정적 연출을 통해 독창성을 추가할 수 있다. AI가 생성한 글은 주제와 플롯은 잘 짜여 있지만 감정이나 독특한 문체가 부족할 수 있다. 이 경우 크리에이터는 감정의 강약을 조절하고, 독창적인 표현을 더해 작품을 더욱 매력적으로 만들어야 한다.

AI가 만든 콘텐츠는 문맥의 재구성이 필요하다. AI는 데이터를 기반으로 콘텐츠를 생성하기 때문에 맥락적 이해나 문화적 요소가 부족할 수 있다. 크리에이터는 이러한 맥락을 보완하여 콘텐츠의 문화적 의미를 더할 수 있다. AI가 생성한 영화 스크립트는 플롯이 매끄럽게 진행될 수 있지만 지역적 특성이나 역사적 배경을 반영하지 못할 수 있다. 이러한 경우 크리에이터는 특정 문화적 배경과 시대적 맥락을 반영해 AI의 결과물을 수정하고 재구성하여 더 깊이 있는 콘텐츠로 발전시킬 수 있다. 흔히들 말하기를 AI에게 '좋은 대답'을 얻기 위해서는 '좋은 질문'이 필수라고 한다. 그렇기 때문에 질 높은 프롬프트를 작성하는 일은 크리에이터에게 가장 핵심적인 과제이다. 결국, 정확한 디렉션에 의한 수정 작업은 크리에이터의 필수 능력이라 할 수 있겠다.

AI는 제한된 지시에만 따라 콘텐츠를 생성하지만 크리에이터는 AI와의 상호 작용을 통해 그 한계를 넘어서 창의적인 아이디어를 확장할 수 있다. AI에게 새로운 시각이나 접근 방식을 요청하거나 AI가 제시한 결과물에서 영감을 받아 더 독창적인 아이디어를 떠올릴 수 있다. 이것은 AI 시대의 새로운 창작 방법이며 이 과정에서 크리에이터는 AI가 제시하지 못하는 경험적 비유, 상징, 감성 등 인간적인 요소를 결합해 AI가 만든 콘텐츠를 완성도 높게 연출할 수 있다.

크리에이터의 창의성과 디렉션의 중요성

AI 시대의 크리에이터는 콘텐츠 제작에서 더 이상 단순한 실무자가 아닌 편집장이자 디렉터로서 AI가 생성한 콘텐츠를 재해석하고 감각적으로 연출하는 중요한 역할을 수행해야 한다. 인간의 창의성은 감정적 표현과 깊이가 AI와는 다르다. AI가 만들어 낸 이미지나 영상, 글은 논리적으로 완성되었을지라도 감정적 연결고리가 부족할 수 있다. AI가 생성한 영화의 장면들은 미학적으로 완벽해 보일 수 있지만 특정 장면에서의 감정 전달이 부족할 수 있다. 이때 크리에이터는 장면의 연출을 감성적으로 조정해 관객이 더 깊이 공감할 수 있도록 디렉션을 제공해야 한다. 그리고 그 안에 주제와 은유, 상징 등의 예술적 깊이를 녹여 내야 한다.

스토리텔링 AI는 일정한 패턴과 데이터를 기반으로 스토리를 전개하기 때문에 예측 가능한 전개가 될 가능성이 크다. 크리에이터는 이러한 스토리를 비틀고, 변형하고, 새로운 관점을 더해 더 창의적이고 독특한 이야기로 발전시켜야만 한다. 이를 통해 AI가 제공하는 기반 위에서 더 흥미롭고 혁신적인 스토리텔링이 가능해지는 것이다.

감각적 재해석의 필요성

AI 시대의 크리에이터는 자신만이 갖고 있는 고유의 경험적, 직관적, 예술적 감각과 창의적 해석을 통해 AI가 생성한 콘텐츠를 인간적인 감성으로 완성하는 역할을 맡는다. 이는 구조적이고 이성적인 AI와 대비되는 것이며, 크리에이터가 더 이상 단순한 실무자가 아니라 디렉터로서 AI와 협업하는 방식으로 나아간다는 것을 의미한다.

이는 창작의 새로운 패러다임을 열며 크리에이터가 AI와 협력하는 창조적 파트너로 자리 잡게 됨을 의미할 것이다.

요컨대, 누구나 AI를 통해 글을 쓰고 창작물을 만드는 시대다. 하지만 전문 지식이 부족할 경우, AI의 답변을 그대로 받아들여 발전시키는 과정에서 문제를 일으킬 수 있다. 처음부터 잘못된 정보를 구별하지 못하면 결과물의 질이 떨어질 수밖에 없다. 이 때문에 중요한 것은 AI에게 질문을 던질 때 그 답변을 분석하고 판단할 수 있는 능력이다. AI의 답변을 단순히 수용하는 것이 아니라 이를 수정하고 보완하여 내가 원하는 방향으로 나아가도록 이끄는 능력이 필요하다. AI는 많은 정보를 제공할 수 있지만 그 정보가 정확한지는 우리가 스스로 판단해야 한다. AI는 추천을 할 수 있지만 그 추천이 진정으로 옳은지는 전문성을 가진 창작자가 결정해야 한다. 전문가와 일반인이 같은 상황을 보고 다른 설루션(solution)을 내놓을 수 있는 이유는 전문가가 그 현상을 정확하게 해석하고 판단할 수 있는 능력을 갖추고 있기 때문이다. 이는 인간 크리에이터에게 가장 중요한 덕목이다.

10
저작권과 윤리

생성형 AI는 창작의 효율성과 가능성을 높이는 동시에 기존 창작물의 데이터를 학습하면서 저작권, 초상권, 개인정보 등의 법적 문제를 만든다. 특히, 크리에이터에게는 AI 의존성 등의 문제도 발생하고 있다. 이 장에서는 AI 시대의 저작권과 윤리 문제를 분석하고, 이를 해결하기 위한 법적 · 윤리적 방안과 AI와 인간 창작자 사이의 균형을 유지하는 방법을 논의한다.

종교와 AI?

AI와 저작권 문제

AI가 콘텐츠를 생성하는 과정에서 저작권 문제는 가장 큰 쟁점 중 하나다. AI는 기존에 학습한 데이터를 바탕으로 새로운 콘텐츠를 만들어 내지만 그 데이터가 기존 창작물의 일부일 수 있다는 점에서 저작권 침해 문제가 발생할 가능성이 크다.

AI가 학습한 수백만 개의 이미지 중 일부는 저작권을 가진 창작자의 작품일 수 있으며 AI가 생성한 결과물도 이 작품과 유사한 형태를 띨 수 있다. 이는 저작권 침해로 간주될 수 있고, AI가 생성한 콘텐츠가 창작자의 허가 없이 상업적으로 사용될 경우 법적 문제가 발생할 수도 있다.

AI가 창작한 콘텐츠의 저작권이 누구에게 귀속되는지도 중요한 논점이다. AI는 자율적으로 콘텐츠를 생성하지만 이 결과물이 AI 자체의 창작물로 간주될 수 있을지, 아니면 이를 기획하고 사용하는 인간 창작자에게 저작권이 귀속되어야 할지에 대한 논의가 계속되고 있다. 현재까지는 인간의 창작적 개입이 있는 경우 그 결과물에 대한 저작권은 인간 창작자에게 귀속되는 경향이 있지만 AI의 창작 기여도가 높아질수록 이 문제는 더욱 복잡해질 것이다.

따라서 AI 창작물을 판별하는 도구와 제도가 시급해 보인다.

초상권과 개인정보 보호

AI는 이미지를 생성할 때 기존의 사진이나 영상을 학습해 새로운 인물을 만들어 낼 수 있는데 이 과정에서 초상권과 개인정보 침해 문제가 발생할 수 있다.

AI가 기존 인물의 사진을 학습해 그와 유사한 얼굴을 생성하는 경우, 해당 인물의 초상권을 침해할 수 있다. 예를 들어 유명인의 사진을 학습한 AI가 그 인물과 매우 유사한 가상의 인물을 생성해 상업적 목적으로 사용한다면 이는 초상권 침해로 간주될 수 있다. AI가 생성한 이미지가 실제 인물과 유사하더라도 그 사용이 법적으로 허용될지에 대한 명확한 기준이 필요하다. AI가 개인정보를 학습 데이터로 사용하는 경우도 프라이버시 침해 문제가 발생할 수도 있다. AI가 특정 개인의 정보를 바탕으로 작성한 문서나 생성한 이미지를 무단으로 사용하게 된다면 해당 개인의 프라이버시가 침해될 수 있다. 따라서 이에 대한 법적 보호 장치와 AI가 데이터를 처리할 때 개인정보를 적절히 보호하는 기술적 장치가 필요하다.

법적 규제와 윤리적 고려

AI와 저작권, 윤리 문제는 단순한 기술적 문제를 넘어 법적 규제와 윤리적 고려가 함께 이루어져야 한다. AI 콘텐츠의 생성과 사용 과정에서 발생하는 문제들은 국가 간의 법적 차이와 다양한 윤리적 논의가 반영되어야 한다.

저작권 보호와 법적 규제 AI가 생성하는 콘텐츠에 대한 저작권 문제를 해결하기 위해 각국은 법적 규제를 강화하고 있다. 유럽 연합(EU)은 디지털 싱글 마켓 지침(DSM Directive)을 통해 AI가 기존 저작물을 학습하는 과정에서 저작권을 침해하지 않도록 보호 장치를 마련하고 있다. 이러한 법적 규제는 AI 개발자와 사용자 모두에게 책임을 분명히 하도록 하고, AI가 생성한 콘텐츠가 저작권을 침해하지 않도록 방지하는 역할을 한다.

AI 기술은 법적 규제뿐만 아니라 윤리적 기준에 따라 사용되어야 한다. AI가 생성한 콘텐츠가 인간 사회에 미치는 영향을 고려하고 그 과정에서 발생하는 윤리적 문제에 대한 명확한 기준을 설정해야 한다. AI가 잘못된 정보를 기반으로 콘텐츠를 생성하거나 특정 집단에 대해 편향적인 콘텐츠를 생성할 경우, 그 결과는 사회적으로 큰 영향을 미칠 수 있다. 이러한 윤리적 문제를 해결하기 위한 가이드라인이 필요하다.

AI 시대의 콘텐츠 제작에서 인간 창작자는 여전히 중요한 역할을 해야 하며 AI와 인간 사이의 균형을 유지하는 것이 필요하다. AI가 자동으로 생성한 콘텐츠일지라도 이를 사용하는 창작자는 최종 결과물에 대해 윤리적 책임을 져야 한다. AI가 만든 콘텐츠가 사회적·문화적 맥락에서 어떤 의미를 전달하는지, 그것이 윤리적으로 문제가 없는지에 대해 창작자는 면밀히 검토해야 한다. AI가 제공하는 효율성에 기대는 것이 아니라 창작자로서의 책임감을 가지고 AI 결과물을 재해석하고 윤리적으로 사용할 필요가 있다.

AI가 창작 과정을 자동화하더라도 창의성은 여전히 인간의 중요한 자산이다. 인간은 AI의 결과물을 단순히 받아들이는 것이 아니라 이를 어떻게 독창적으로 활용하고 창의적인 방식으로 확장할지에 대한 고민을 해야 한다. AI와 창작자 사이에서 창의성과 책임의 균형을 유지하는 것이야말로 AI 시대의 콘텐츠 제작에서 가장 중요한 요소가 될 것이다.

AI 의존성과 창작자의 책임

AI가 콘텐츠 제작에서 중요한 역할을 하면서 창작자들이 AI에 의존하는 경향이 강해지고 있다. 그러나 AI에 대한 지나친 의존은 창작의 책임 문제와 관련하여 새로운 윤리적 문제를 야기할 수 있다. AI는 효율적인 콘텐츠 생성 도구로서 매우 유용하지만 창작자가 AI에 지나치게 의존하게 되면 창의성이 약화할 가능성이 있다. AI가 자동으로 생성한 결과물을 그대로 사용하는 것은 시간과 노력을 절약해 주지만 창작 과정에서 인간적인 요소, 즉 감정과 창의성을 포함하지 않는다면 작품의 완성도와 독창성이 떨어질 수 있다. 인간 창작자는 AI가 생성한 콘텐츠를 단순히 받아들이는 것이 아니라 이를 어떻게 감각적으로 재해석하고 발전시킬지에 대한 책임을 져야 한다.

AI가 생성한 콘텐츠에서 발생하는 문제에 대한 책임은 AI와 인간 창작자 사이에서 어디까지 구분되어야 할까? AI가 저작권 침해 요소가 있는 콘텐츠를 생성했다면 이에 대한 법적 책임은 AI 개발자에게 있는지, 이를 사용한 창작자에게 있는지 명확하지 않다. AI와 인간 창작자 간의 협업에서 책임 소재를 명확히 구분하는 것은 앞으로 해결해야 할 중요한 문제 중 하나다.

필자는 지금껏 창작을 할 때, 다른 사람이 좋은 아이디어를 제공해도 웬만해서는 사용하지 않았다. 그 이유는 100% 나의 아이디어로 채우고 싶었던 창작자의 욕심이

었을 것이다. 하지만 생성형 AI 시대에서 AI를 어디까지 활용하고 그 결과물을 어디까지 반영할지는 창작자 개인의 몫이다. 필자의 경우에는 아이디어의 발견, 주제 선정 그리고 스토리텔링은 나의 창작 영역으로 묶어 놓고 타협하지 않기로 했다. 인간 고유의 반짝이는 아이디어와 직관적 단상들을 발견하는 기쁨을 놓치고 싶지 않기 때문이다. 반면, 자료 조사와 문장을 정리하고 구조화하는 작업은 AI에게 맡겨 시너지를 얻는다. 또한 프리비주얼 라이징과 스토리보드처럼 필자가 못 하는 이미지 생성 작업에는 적극적으로 AI를 활용하여 생각을 이미지화한다.

영화감독은 대부분 직접 카메라를 들거나 연기를 하지 않는다. 자신의 철학과 생각을 영화로 표현해 내기 위해 전문성을 가진 각 스태프와 협업을 하는 것이다. AI 콘텐츠 크리에이터의 역할도 마찬가지다. 효율성을 갖고 있는 여러 가지 생성형 AI 도구를 활용하여 자기만의 색깔과 철학을 녹여 나만의 정체성을 완성하는 작업이 필요하다.

만약 AI와 창작자의 영역이 모호해지거나 AI 의존도가 높아진다면 인간의 창작 능력이 저하되는 것은 물론이고, 인간이 만든 인공지능이 인간의 영역을 침범하거나 심지어 인간의 역할이 필요 없어지게 될지도 모른다.

인공지능은 도구일 뿐이다. 결과물을 위해 사용한 도구에 깊은 의존을 하게 된다면, 훗날 도구 없이는 결과물 낼 수 없는 자가당착에 빠져 결국, 창작 능력을 상실할 수도 있다는 점을 명심해야 할 것이다.

참고문헌

Coeckelbergh, Mark.(2020). *AI Ethics.* MIT Press. 신상규 외 옮김(2023). 『AI 윤리에 대한 모든 것』. 아카넷.

정시영

위티즈 미디어랩의 대표다. 동국대학교 영상대학원 영화영상 제작학과에서 연출 석사를 받고, 시나리오 전공으로 박사 과정을 수료했다. 한국영화박물관 에듀케이터로 재직했고, 단편 영화 〈모델〉, 〈케인〉, 〈흰둥이〉, 〈골고다의 방〉, 〈선수끼리 왜 이래〉의 기획·각본·연출을 맡아 미장센단편영화제, 아시아나 국제단편영화제, 서울독립영화제, 피렌체한국영화제 등 국내외 영화제에서 상영한 바 있으며, 대종상단편영화제 기획상, 고양한백시나리오공모전 최우수작품상, 서울노인영화제 우수상, 충주단편영화제 각본상을 수상했다.

또한, 드라마 제작사 ㈜글앤그림미디어에서 보조 작가로 활동하며 챗GPT를 활용한 드라마 집필 작업에 참여했고, AI의 시각으로 영화를 재해석한 '시네마노이드' 전시의 작가로 활동했다. 현재는 누적 조회수 25만 회인 AI 유튜브 채널 '할파고'를 운영하면서 인덕대학교, 동국대학교 듀이카, 숭실사이버대학교에서 생성형 AI 강의를 맡고 있으며, 직접 운영하는 위티즈 미디어랩에서는 서울시 내 초·중·고등학교와 20개 자치구 진로 센터와의 업무 협약을 통해 생성형 AI, 유튜브, 미디어 리터러시, 영화·영상 제작 강의를 연 300회 이상 진행하고 있다.